w_orten
& meer

Dieser Band wurde umweltfreundlich gedruckt:
– auf 100% Recyclingpapier, FSC-zertifiziert mit dem Blauen Engel
– mit mineralölfreien Druckfarben ohne Isopropanol
– ohne Folie kaschiertes Cover
– uneingeschweißt

Umfassende Nachhaltigkeit in Bezug auf natürliche Ressourcen und soziales Miteinander ist Verlagskonzept: Strom und Gas für das Büro beziehen wir über Green Planet Energy, wir reparieren, statt neu zu kaufen, unser Bürobedarf ist ökologisch, und wir versuchen alle Arbeitsprozesse möglichst fair zu gestalten. Wir setzen uns ein für ein wertschätzendes und ressourcenschonendes Sein in Welt.

Maurits de Bruijn: Wie ich merkte, dass die Shoah nachts an meinem Bett steht. Eine autobiografische Erzählung.

Originaltitel: Ook mijn Holocaust. Een reisverslag van 6 dagen en 35 jaar.
© Maurits de Bruijn 2020.
Erschienen bei DAS MAG UITGEVERS, Amsterdam.

Der Verlag bedankt sich für die Förderung der Übersetzung durch die Niederländische Literaturstiftung.

**N**ederlands
**l**etterenfonds
**dutch foundation
for literature**

Die Arbeit der Übersetzerin am vorliegenden Text wurde im Rahmen des Programms »NEUSTART KULTUR« aus Mitteln der Beauftragten der Bundesregierung für Kultur und Medien vom Deutschen Übersetzungsfonds gefördert.

1. Auflage, Hiddensee: w_orten & meer, 2023
ISBN 978-3-945644-36-2

Übersetzung: Lisa Mensing – www.lisamensing.de
Cover und Satz: Zanko Loreck – www.zankoloreck.de
Druck: Oktoberdruck GmbH, Grenzgrabenstraße 4, 13053 Berlin

© w_orten & meer GmbH, Hiddensee 2023
Verlag für verbindendes diskriminierungskritisches Handeln
Süderende 86, 18565 Insel Hiddensee
kontakt@wortenundmeer.net
www.wortenundmeer.net

# Maurits de Bruijn

# Wie ich merkte, dass die Shoah nachts an meinem Bett steht

## Eine autobiografische Erzählung

Aus dem Niederländischen von Lisa Mensing

Für Maarten und Marie van Buuren,
Held*innen einer held*innenlosen Geschichte

# Maasland
## Freitag, 13. März 2020

Ich fahre im schwarzen Volvo meines Vaters zu meinem Elternhaus. Das Auto riecht nach Auto, der Schaltknüppel ist störrisch, auf den Ledersitzen liegen Kissen. Mein Vater ist im Ausland, das Virus zwingt ihn, dortzubleiben. Er ist lungenkrank, fliegen wäre zu gefährlich und bald macht Spanien die Grenzen dicht. Wenn mein Vater nicht da ist, schläft meine Mutter fast jede Nacht bei einem meiner Brüder – bei dem Bruder, der geblieben ist. Er wohnt immer noch im Dorf und hat seinen Schuppen zum Gästehäuschen umgebaut, damit sie dort einen Platz hat. Er macht mehr als ich und ich glaube, wir wissen beide, dass sich das nicht ändern wird.

Wenn meine Mutter nicht bei meinem Bruder schläft, legt sie ihr schweres Kopfkissen auf die Rückbank ihres Toyotas und fährt zu Freundinnen, die das Gästebett für sie gemacht haben. An Tagen, an denen sie meinem Bruder oder ihren Freundinnen nicht zur Last fallen will, schickt sie mir ihre typischen Stakkato-Nachrichten.

Am WE Zeit vorbeizukommen
Meld dich wegen der Uhrzeit
Schreib wenn du losfährst

Ich fahre ins Dorf, am Loch vorbei, das die Kirche hinterlassen hat, und an den Neubauwohnungen, die den Platz meiner Grundschule eingenommen haben. Erst seit Kurzem nehme ich die Schönheit des Dorfes wahr. Ich habe jetzt genauso lange hier gewohnt, wie ich nicht hier gewohnt habe. Vielleicht haben die zweiten achtzehn Jahre die ersten achtzehn Jahre überschrieben, wodurch ich das Dorf jetzt als Tourist wahrnehmen kann.

Ich halte an, schlage zweimal ein und das Auto ist geparkt, ich gähne. Immer, wenn ich im Dorf ankomme, werde ich unglaublich müde. Ich weiß nicht, ob ich bei der Ankunft einer Erschöpfung nachgebe, die ich normalerweise unterdrücke, oder ob die Müdigkeit zuschlägt, weil das Zurückkommen einer Pflicht gleicht, weil hier immer etwas von mir erwartet wird.

Vielleicht bin ich müde, weil ich mir das Virus eingefangen habe, das kann natürlich auch sein. Als ich meiner Mutter sagte, es sei vielleicht keine gute Idee, vorbeizukommen, schob sie meine Bedenken beiseite: »Ich habe reichlich Vitamin C im Haus.«

Die Hintertür ist abgeschlossen. Das macht meine Mutter so, seit wir ausgezogen sind. Ich kann mich einfach nicht daran gewöhnen, habe nicht einmal einen Schlüssel. Durch die breite Schiebetür sehe ich meine Mutter auf dem Sofa sitzen, ich weiß, dass sie Netflix schaut. Alle Serien, in die sie reingesogen wird, nennt sie Filme, wahrscheinlich wegen der hohen Produktionsqualität.

Sie sitzt nur ein paar Meter entfernt, aber sie hört mich nicht, als ich sie rufe, an die Scheibe klopfe. Ich klingle bei ihr durch, sie schaut aufs Handy, dreht sich zur Hintertür, zu mir, und lacht. Das Haus riecht anders, seit ich hier nicht mehr wohne. Nach Kamin und Glasreiniger. Auch die Möbel sind nicht mehr die, zwischen denen ich aufgewachsen bin. Die Fliesen meiner Jugend waren quadratisch, zwanzig mal zwanzig Zentimeter, braunbeige, dazwischen eine grobe Furche, die sich rau anfühlte, wenn ich mit der Hand darüberfuhr. Ich erinnere mich besser an die Böden und Teppiche meiner Jugend als an die Gegenstände, die auf diesen Böden standen. Seit der Renovierung liegt hier weißer Marmor. Meine Mutter hat Mangos und Avocados gekauft, weil sie weiß, dass ich so was mag. Sie fragt, ob ich rauchen möchte.

Das machen wir im Hauswirtschaftsraum, in dem mittlerweile keine Fritteuse mehr steht, sondern ein Airfryer. Im Rest des Hauses herrscht wegen der Lunge meines Vaters seit ein paar Jahren Rauchverbot. Neben dem antiken Schrank steht ein großes, leuchtend blaues Gerät, das die Luft filtert. Das Ding springt an, wenn Fleisch gebraten wird oder wenn wir uns im angrenzenden Zimmer eine Zigarette anstecken. Manchmal glaube ich, der Kummer meines Vaters hat sich in seinen Lungen eingenistet.

Die Wände des Hauswirtschaftsraums waren bis letztes Jahr mit Postkarten beklebt. Das war ein Projekt meines Vaters. Doch es kamen so viele Trauerkarten und so wenig andere Post, dass der Raum makaber wirkte. Inzwischen wurden die Wände vom Papier befreit und gestrichen. Cremefarben.

Meine Mutter trägt einen Jogginganzug, der ihr gut steht. Der war teuer, sagt sie. Viel zu teuer. »Schade, dass meine Frisur so schlecht sitzt.« Sie müsse dringend zum Frisiersalon. Als wir den Hauswirtschaftsraum verlassen, fragt meine Mutter, ob sie mir bei einer Sache am Computer helfen kann.

»Ich bekomme Geld von der Bahn, aber ich weiß nicht, wie ich das anstellen muss.«

Meine Mutter bekommt Geld von den NS, den Niederländischen Eisenbahnen, weil das Unternehmen während des Kriegs von den Nazis für die Deportation von Jüd*innen, Rom*nja, Sinti*zze, Homosexuellen und Menschen aus dem Widerstand bezahlt wurde. Sofern die Niederländ*erinnen nicht selbst für ihre Reise nach Westerbork bezahlt haben. Fünf Gulden pro Person kosteten die Zugtickets für meine Großeltern und ihre beiden Töchter.

Insgesamt haben die Niederländischen Eisenbahngesellschaften ungefähr zweieinhalb Millionen Gulden am Krieg verdient. Nachdem der ehemalige Physiotherapeut von Ajax Amsterdam, Salo Muller, dreieinhalb Jahre um eine offizielle Entschuldigung gekämpft hatte, wurde er erhört. Seit August 2019 ist es möglich, eine Entschädigung zu beantragen, allerdings leben kaum noch Menschen, die dieses Geld für sich beanspruchen können.

»Ich bekomme viel, weißt du. Ich glaube, ich bekomme richtig viel.« Meine Mutter reagiert auf alles, was sie nicht weiß, hoffnungsvoll.

Mit einem komischen Gefühl rufe ich die Seite der niederländischen Bahn auf. Nirgendwo ein Button, auf dem »Holocaustopfer« steht. Ich google den Namen der Kommission, die sich um die Auszahlung kümmert, und finde die schlichte Website in schwarz-weiß, die für die Antragstell*erinnen angelegt wurde. Während ich das Formular ausfülle, geht meine Mutter kochen. Als sie an mir vorbeikommt, greift sie mich an den Schultern und sagt: »Wenn wir das Geld bekommen, kaufe ich dir ein neues Sofa.«

Die Bestimmungen suggerieren, dass es Abstufungen in Bezug auf den erlittenen Schaden gibt. Kein Leid entspricht dem anderen, hat die Kommission beschlossen. War die Person, die einen Antrag stellt, in einem Konzentrationslager inhaftiert, erhält die Person mehr als Hinterbliebene. Hinterbliebene sind eingeteilt in Witwen, Witwer und Kinder. Meine Mutter gehört zur letzten Kategorie. Sie bekommt nicht so viel Geld, wie sie dachte, aber wirkt nicht enttäuscht. Meine Mutter bekommt 7.500 Euro für den Transport ihrer Mutter, und 7.500 Euro für den Transport ihres Vaters. Für die Deportation ihrer beiden Schwestern bekommt sie nichts. Bei Antragstell*erinnen höheren Alters versucht die Kommission, die Anträge schneller zu bearbeiten. Ich erkläre meiner Mutter, dass sie dafür wahrscheinlich gerade noch zu jung ist.

Wir sind uns einig, meine Mutter und ich. Es ist absurd, dass bald 15.000 Euro auf ihrem Konto eingehen als Entschädigung für die Deportation der Familie, in die sie geboren wurde. Die Annahme, Geld müsse ein Trost sein, ist vielmehr eine Beleidigung als eine Entschuldigung. Vielleicht ist das nicht die Intention und es geht darum, dass die niederländische Bahn ihre Einkünfte von damals wieder zurückzahlt, vielleicht besteht die Entschuldigung darin, eine Ungerechtigkeit rückgängig zu machen. Aber diese Ungerechtigkeit ist Teil einer Kette von Ungerechtigkeiten. Das Rückgängigmachen hat keinen Effekt. Diese Geste zeigt nicht, dass der Schmerz verstanden wird, sondern wie unumkehrbar und ungreifbar er ist. Eine Familie verlieren und dafür ein Sofa bekommen.

Auf dem Tisch steht eine Tasse von der penetrant fröhlichen Marke Blond mit altem Tee. Meine Mutter hat abgesehen von diesem Geschirr einen guten Geschmack. Sie merkt, dass die Tasse kaum gewürdigt wird. Deshalb ist sie immer auf Komplimente aus, wenn sie sie aus dem Schrank holt.

Die Tasse meiner Mutter erinnert mich an ein ähnlich penetrantes Exemplar. Vor Kurzem habe ich zwei Monate lang in der Wohnung eines Freundes gewohnt. Ich lieh mir sein Leben aus: Ich frühstückte an seinem Küchentisch, kochte auf seinem Herd, schlief in seinem Bett, goss seine Pflanzen und las seine Bücher. Im Küchenschrank stand eine weiße Tasse mit einer Swastika. Keine hinduistische oder buddhistische, keine unschuldige, sondern tatsächlich das Hakenkreuz der Nazis. Ich nahm den Becher und sah mir die Unterseite an, fand dort den Adler. Ich wusste, dass mein Freund kein Nazisympathisant war, ich wusste, dass er sich gerne ironisch gab, genau wie viele andere Millennials. Wir kannten uns außerdem von der Kunstakademie, unsere Ausbildung inspirierte so einige Studierende zum Brechen von Regeln. Trotzdem markierte die Tasse eine Grenze zwischen ihm und mir.

Als ich einer Freundin von der Tasse erzählte, ihr das Ding zeigte und sagte, wie widerwärtig ich es fand, zerschmetterte sie die Nazitasse ohne zu zögern auf den Fliesen meiner Übergangswohnung. Ich lachte, bevor ich Kehrblech und Besen holte.

Wenig später kam der Bewohner der Wohnung aus dem Urlaub zurück. Ich erzählte von der Freundin und der Tasse, die nicht mehr zu reparieren war. Der Freund setzte sich anders hin, blinzelte einige Male.

»Du weißt schon, dass ich kein Nazi bin«, sagte der Freund. »Aber ich habe sie selbst gekauft. Online. Und sie war sogar ziemlich teuer. Ich bin mir nicht ganz sicher, aber das sollte wohl ein Original sein.«

Die Tasse faszinierte ihn, weil sie für Gedankengut stand, das in seinem Küchenschrank unmöglich das bedeuten konnte, was es einmal bedeutet hatte. Dass es überhaupt einmal Symbole gegeben hatte, die so viel anrichten konnten, oder in deren Namen so viel angerichtet worden war, fand er spannend. Und tatsächlich war es ein ironischer Kauf gewesen. Er hatte ironisch eine Website besucht, wo er ironische Euros gegen ein ironisches Paket eingetauscht hatte, das Wochen später ankam und das er ironisch seinen ironischen Freund*innen zeigte.

»Ich hätte nicht gedacht, dass dir das was ausmachen würde«, sagte der Freund.

»Tja, ich hätte auch nicht gedacht, dass mir das was ausmachen würde«, antwortete ich.

»Schon komisch. Ich weiß ja über deine Familie Bescheid. Über deine Mutter.«

Ich hätte dem Freund damals deutlich machen müssen, dass es nicht nur die Geschichte meiner Mutter ist, sondern dass sie genauso zu mir gehört. Das hätte ich ihm nicht nur an jenem Tag sagen müssen, sondern schon früher. Von klein auf hätte ich das deutlich machen müssen. Und ich muss lernen, meine Grenzen aufzuzeigen, findet mein Psychologe. Da hat mein Psychologe recht.

Die Geschichte der Shoah wurde schon unzählige Male erzählt, als unentbehrlicher Bestandteil unserer nationalen Identität vollständig annektiert. Dadurch ist die Geschichte verschlissen, sie weckt Widerwillen und Ermüdung, hat Faszination entstehen lassen. Die Filmindustrie, Weltliteratur und Bildungsstätten haben uns hunderttausende Stunden Holocaustgeschichten vorgesetzt. Dadurch wird dieser spezifische Teil unserer Geschichte als eine unmissverständliche Erzählung über Gut und Böse aufrechterhalten. Und genau diese Unmissverständlichkeit scheint es zu sein, die Widerstand weckt und Menschen die Grenzen von Gut und Böse austesten lässt. Kein Mensch will vorgeschrieben bekommen, was gedacht oder gefühlt werden soll. Kein Mensch will sich einem absoluten Blick auf die Vergangenheit fügen. Was uns in mundgerechten Portionen aufgetischt wird, muss ausgetestet werden. Der politischen Korrektheit muss getrotzt werden. Zur Not mit Tassen.

»Soll ich dir die Tasse bezahlen?«, fragte ich den Freund, in dessen Wohnung ich zwei Monate lang gelebt hatte.

»Nein«, sagte er. »Das ist nicht nötig.«

Holocaustermüdung. Das Wort existiert, und die Haltung, die sich dahinter verbirgt, auch. Meiner Mutter kann ich das nicht sagen, genauso wenig, wie ich ihr von der Tasse erzählen kann, ihr nicht sagen kann, dass ihr Schmerz vom Zeitgeist abgehängt wird, dass es Menschen gibt, die die Nase voll von Holocaustopfern haben. Dass sich eine Generation erhoben hat, die 1940–45 nur noch von Straßenschildern und Schwarz-Weiß-Fotos kennt; aber was meine Mutter durchgemacht hat, immer noch jeden Tag durchmacht, ist in Farbe passiert, passiert immer noch in Farbe.

Als Antwort auf diese Ironie und um dem Abstand von 75 Jahren etwas entgegenzusetzen, muss nicht nur die Geschichte meiner Mutter erzählt werden, sondern auch meine. Jetzt, wo meine Mutter noch lebt, noch dazu fähig ist, hässliche Tassen zu kaufen und viel zu üppige Mahlzeiten für mich zu kochen.

Heute gibt es selbstgemachtes Schawarma. Auf dem Tisch stehen außerdem Blumenkohl, Kartoffeln, Pizzabrötchen, Linsensuppe und Bohnen. Sie kann es nicht bei einem Gericht belassen, da ist einfach zu viel Liebe.

Ich erzähle ihr nicht von der Nazitasse. Ich habe den Hang, sie zu schonen, und diesem Hang gebe ich nach, aber ich sage immerhin, dass ich die Blond-Tasse, die auf dem Tisch steht, potthässlich finde.

»Also, ich finde sie schön«, sagt sie. »Ja, ich finde sie wirklich schön.«

»Macht dir das Virus eigentlich Angst, Mama?«

»Das wird schon alles, oder?«

»Ja, das glaube ich auch. Es ist nur so komisch, dass Papa eine Lungenkrankheit hat und du nicht allein sein kannst. Das sind genau die zwei Sachen, die gerade unpraktisch sind.«

»Das fand ich schon länger unpraktisch.« Meine Mutter löffelt sich Knoblauchsoße auf den Teller und sagt dabei, wie lecker sie die findet, die könne sie den ganzen Tag essen. Ihrer Art der Kommunikation ist kaum zu folgen, aber ich bin geübt, ich sehe, wie sich ihr Blick verändert und weiß, dass ihr ein neuer Gedanke kommt.

»Ich habe irgendwo mal ein Foto gesehen«, sagt sie, »auf dem bin ich ungefähr zwei Jahre alt. Und ich strecke meine Hand in die Luft.«

»Das Foto habe ich, Mama. Das steht bei mir zu Hause.«

»Ach ja«, sagt sie. »Stimmt ja. Nun, auf dem Foto greife ich nach dem Himmel, weil ich froh bin, draußen zu sein. Ich war davor schon mal draußen. Im Laufstall, der stand im Sonnenlicht im Garten. Und dann ging eine Person vorbei und sagte: ›Das ist ein jüdisches Kind.‹ Danach wurde der Laufstall nicht mehr rausgestellt.«

Auch Jahre nach dem Krieg wurde meine Mutter von anderen an ihre Zeit drinnen erinnert.

»Die Leute sahen mir hier in Maasland nach und nannten mich Jüdin. Und wenn sie das taten, dann dachte ich: ›Ach ja, stimmt ja‹. Ich hatte schon wieder vergessen, dass ich jüdisch war.«

Es erinnert mich an all die Male, die ich früher als Mädchen oder Schwuchtel beschimpft wurde. Oft dachte ich dann: »Stimmt schon, ich bin anders, ich gehöre nicht dazu«, genau wie eine*n das eigene Spiegelbild an die neue Frisur erinnern kann.

Meine Mutter erzählt mir, dass sie ihren Eltern die Schmährufe früher verschwiegen hat. Genauso erzählte ich ihr und meinem Vater nichts von den Schikanen auf dem Schulhof. Vielleicht hat sie mir diese Widerstandsfähigkeit, das ständige Schonen, das Runterschlucken vom Schmerz beigebracht, ohne es zu wollen oder sich dessen bewusst zu sein.

Eine Konfrontation mit ihrer jüdischen Identität war eine Konfrontation mit all dem Unbegreiflichen, mit Schmerz. Auch in meinen Augen bedeutete jüdisch sein: Krieg, Ausschluss, Hass, Deportation. Das Wort war mit einem unermesslichen Kummer verflochten, auf den ich keinen Anspruch erhob, bei dem ich nur danebenstehen, auf dem Schoß sitzen konnte, den ich versuchte, zu trösten. Kummer, der zu meiner Mutter gehörte. Bis ich zwölf war, bis ich langsam begriff, dass alles, was meiner Mutter zugestoßen war, auch mir zugesetzt hatte.

»Weißt du, wann ich mich zum ersten Mal jüdisch gefühlt habe?«, frage ich. Meine Mutter betrachtet durch die Brille den Blumenkohl, nimmt sich etwas davon.

»Als deine Nase größer wurde?«

»Auch. Aber schon davor. In Israel, als ich mit Papa dort war. Mit zwölf.«

Es waren sechs Tage, in denen ich herausfand, dass mein Platz in der Welt schon vorbestimmt war, dass es ein Narrativ gibt, in dem nicht nur meine Mutter jüdisch war, sondern auch ich. Ich lernte in jenen Herbstferien, dass es mehr gibt als das jüdische Opfersein, mir offenbarte sich eine ganze jüdische Kultur. An diesen sechs Tagen begann ein Selbstfindungsprozess, der anscheinend nicht in meinem Elternhaus hatte stattfinden können, und mir wurde klar, dass der Krieg nicht bei meiner Mutter aufhörte. Dort, in Israel, fand ich heraus, welche Bedeutung ihre Geschichte für mich hatte.

Ich habe ein schlechtes Gedächtnis, wir alle haben ein schlechtes Gedächtnis. Es wird gesagt, das sei ein Symptom von Traumata. Wenn meine Familie von früher spricht, gelingt es uns nie, die Geschichte richtig zusammenzusetzen. Aber die sechs Tage bilden eine

Ausnahme, die habe ich immer noch deutlich vor Augen. Ich kann problemlos zurück zu meinem zwölfjährigen Ich reisen, als befände sich genau dort ein Loch in der Zeit. Indem ich zurückblicke, will ich herausfinden, wo die Geschichte meiner Mutter aufhört, und meine beginnt.

Die Leute glauben, sie würden den Krieg kennen, einige haben ihn sogar satt, ohne zu wissen, was er angerichtet hat. Wenn ich meinen Schmerz nicht entschlüsseln und begreifbar machen kann, weiß kein Mensch, dass er noch weiterwuchert, wissen die Generationen nach mir nicht, was mit ihnen geschieht, wenn die Shoah auch in ihnen erwacht.

Diese Geschichte hat mehr als nur einen Anfang.
Ich fange mit meinem Anfang an, in:

# Maasland
# Freitagnacht, 18. Oktober 1996

Ich war zwölf Jahre alt und noch gläubig. Mein Glaube bezog sich vor allem auf Gott, die Schule und die Spice Girls. Ich war ein besonders pflichtbewusster Schüler und packte für jeden Urlaub meine Schulbücher in den Koffer, den ich mir mit einem meiner Brüder teilte.

Diesmal hatte ich eine eigene Tasche und nahm deshalb nicht nur mein Mathebuch, sondern auch das Geschichtsbuch mit. Die Tasche war nicht groß. Echte Reisende nehmen nur leichtes Gepäck mit, meinte mein Vater. Er hatte mir beigebracht, die Kleidung nicht zu falten, sondern zu rollen. So könne ich mehr mitnehmen und es würde weniger Falten geben. Ich musste mich zurückhalten, nicht sofort alles wieder auszupacken und zu überprüfen, ob er recht hatte.

Draußen schien das Licht der westländer Gewächshäuser, die das Dorf umgaben. Nachts färbten sie den bewölkten Himmel orange >>> nicht trennen. An manchen Wintertagen war der Himmel nach Sonnenuntergang heller, als er es tagsüber gewesen war. Das machte die Tiere wahnsinnig. Die Menschen vielleicht auch.

Es war die erste Reise, die mein Vater nur mit mir machte. Vorher war er schon mit meinen drei Brüdern verreist. Nach Paris und Österreich. Meine Reise fand erst später statt, weil beim jüngsten Kind immer alles später passierte.

Morgen würde es so weit sein. Früh morgens würde Ria meinen Vater und mich zum Flughafen bringen. Ria war eine Frau mit grünen Zähnen, aber es war ein schöner Grünton. Sie war mit meinen Eltern befreundet und würde uns in ihrem alten Auto vom Dorf nach Schiphol fahren. Mein Vater würde mich wecken, aber wenn ich erst gar nicht einschliefe, würde das nicht nötig sein.

Die bevorstehende Reise machte das Schlafen unmöglich. Wenn ich ehrlich bin, sorgte ich selbst jede Nacht dafür, dass Schlafen unmöglich war, weil ich in meinem Kopf einen Albtraum abspulte.

Sobald ich im Bett lag, überlegte ich, wie viele Schritte mein Hochbett von der Haustür entfernt war. Danach legte ich in Gedanken die umgekehrte Strecke von meiner Zimmertür zum Hauseingang zurück. Hintertür, Küche, Flur, Treppe, mein Zimmer, Schritt für Schritt kam der Mann ohne Gesicht näher. Er trug ein Messer oder ein Gewehr, jede Nacht war es eine andere Waffe, manchmal waren seine Hände leer.

Ich lag im Bett, sah, wie seine Hand die Klinke unserer Hintertür umschloss und wie er einfach über die Türschwelle stieg, weil die Tür nicht abgeschlossen wurde. Auch nicht nachts; so sehr vertrauten wir dem Dorf.

Jede Nacht lief der Mann ohne Gesicht durch unseren mit Teppich ausgelegten Flur, fest entschlossen, unsere Familie umzubringen. Dafür hatte er ganz unterschiedliche Methoden – abhängig von der Mordwaffe und der Route, für die er sich entschied. In dem für mich günstigsten Szenario ging der Mann ohne Gesicht nicht ins erste, sondern ins zweite Stockwerk. Da schliefen zwei Brüder von mir, jeder in einem Zimmer, das die Hälfte des Dachbodens einnahm. Links lag der älteste, der Bruder, der fortgehen würde. Er war groß, größer als mein Vater, und eigentlich fand ich, dass das nicht in Ordnung war. Das war ein regelrechter Angriff auf seine Autorität. Der Bruder, der fortgehen würde, war unverwüstlich, trug aber Sorgen mit sich herum, wollte nur das Beste für alle anderen und hörte immerzu Musik. Im rechten Zimmer mein zweitältester Bruder, der Bruder, der es auch spürte. Er war der sanftmütigste Mensch, den ich kannte. Der Bruder, der fortgehen würde, war sein großes Vorbild. Die beiden waren innerhalb unserer Familie Freunde, so, als hätten sich sie irgendwo anders kennengelernt.

Wenn der Mann ohne Gesicht zuerst meine beiden ältesten Brüder angriffe, würden meine Eltern das Poltern hören und den Mann ohne Gesicht möglicherweise überwältigen. Dann würden wir dem Tod von der Schippe springen und Jahre später darüber lachen können. Das konnte ich mir bestens vorstellen, weil in unserer chaotischen Familie viel gelacht wurde.

Wenn der Mann ohne Gesicht nicht ins zweite, sondern ins erste Stockwerk ginge (und das erschien mir wahrscheinlicher), dann unterteilte sich mein Szenario in drei weitere Szenarien. Das mit Abstand verheerendste Szenario war das, bei dem er zuerst in das Schlafzimmer meiner Eltern ginge und sie in der Tür stehend durch die Daunendecke erschösse, wodurch sich die Blumen auf der Bettwäsche rot färben würden. Ohne Eltern wären wir verloren, das wusste ich.

Bei dem zweiten Szenario ging der Mann ohne Gesicht in das Zimmer des Bruders, der blieb, das dritte, unglaublich energiegeladene Kind meiner Eltern, das eine Ausnahme im Familienverband darstellte, nicht zuletzt, weil alle Probleme von ihm abzuprallen schienen. Der Bruder, der blieb, wäre vielleicht sogar schnell genug, um den Messerstichen des Mannes ohne Gesicht auszuweichen. Er schlief noch in dem Zimmer, das wir uns bis vor Kurzem geteilt hatten. Wir beide verschmolzen nicht so recht, der Bruder, der blieb, bewegte sich so mühelos durchs Leben, dass ich mir neben ihm hoffnungslos inkompetent vorkam.

Der Bruder, der es auch spürte, war älter als der Bruder, der blieb, aber stand mir näher, auch, weil es Momente gab, in denen ich in ihm meine Ängste gespiegelt sah. Oft stieg er nachts die Treppe runter, um den Bruder, der blieb, zu fragen, ob er das Bett tauschen wolle, damit der Bruder, der es auch spürte, und ich die endlose, beängstigende Nacht zusammen verbringen konnten. Er sprach so lange mit mir, bis ich völlig erschöpft war und ihn anbettelte, endlich zu schlafen, woraufhin er mir versicherte, ich würde mich auch erholen, wenn ich einfach nur daläge. Das geschah vor allem immer dann, wenn es gewitterte und die Fensterläden mit jeder Windböe gegen das Haus schlugen.

Zwischen dem Bruder, der es auch spürte, und dem Bruder, der blieb, herrschte eine Art Wettbewerb, den es beim Rest der Familie nicht gab. Der Bruder, der blieb, war jünger, aber gewiefter, ehrgeiziger, weniger zögerlich als der Bruder, der es auch spürte, und gab deshalb nicht nur mir, sondern auch ihm das Gefühl zu versagen. Jedenfalls empfand ich das so.

Wenn der Bruder, der blieb, entkäme und Alarm schlüge, könnten wir den Mann ohne Gesicht in seinem Zimmer einsperren, die Polizei rufen und in unseren Schlafanzügen auf dem Sofa warten, bis sie kämen.

Und dann gab es noch das letzte, plausibelste und ungünstigste Szenario: Der Mann ohne Gesicht würde zuerst meine Zimmertür öffnen. Plausibel, weil sich die Tür neben der Treppe befand. Ich war davon überzeugt, dass ich gegen seinen Würgegriff absolut nichts ausrichten könnte. Ich war der Jüngste und mit Abstand der Schwächste der Familie. In diesem Szenario gab es einzig und allein die Hoffnung, dass ich genug Lärm machte und alle in mein winziges Zimmer rannten, um den Mann zu würgen, während er mich würgte. Darauf hoffte ich in der Nacht vor der Reise nach Israel. Darauf hoffte ich jede Nacht, während die Spice Girls mir schweigend von ihrem Poster aus zusahen und Gott Distanz wahrte.

*

Wir, die Familie, in der ich aufwuchs, waren zu sechst. In unserem Hauswirtschaftsraum roch es nach Hundefutter und Frittierfett, in unserem Wohnzimmer nach Staubsaugerbeutel und Putzmittel. Wir wohnten in der Nummer 3, passend zur Anzahl meiner Brüder, und mir gefiel es, dass Sechs durch Drei teilbar war und dann eine Zwei herauskam, denn die zwei, das waren meine Eltern. Unser Hund war von seinem früheren Herrchen nach Dolly Parton benannt worden und dabei beließen wir es.

Wir aus der Nummer 3 waren reformiert, aber meine Mutter war jüdisch. Sie wurde 1943 in Amsterdam geboren und hatte zu fast allem die Verbindung verloren, was sie jüdisch machte. Sie war auf den Tag einen Monat alt, als ihre Eltern und ihre beiden Schwestern nach Sobibor deportiert und ermordet wurden.

Das ist der erste, echte Anfang der Geschichte.

Der Mann, der mein Opa hätte werden sollen, hieß Hartog Piller. Er wurde sechsunddreißig Jahre alt. Die Frau, die meine Oma hätte werden sollen, hieß Sientje Piller-Lelie. Auch sie wurde sechsunddreißig Jahre alt. So alt werde ich in diesem Jahr.

Ihre Tochter, die meine Tante hätte werden sollen, hieß Femma Piller. Sie wurde fünf Jahre alt. Die zweite Tochter, die meine andere Tante hätte werden sollen, hieß Sonja Piller. Sie wurde vier. Die dritte Tochter wurde meine Mutter. Sie heißt Rebecca Piller-de Bruijn, hat violette Haare und ist sechsundsiebzig Jahre alt.

Ihre Familienmitglieder wurden in Viehwaggons nach Sobibor deportiert und am Tag nach ihrer Ankunft vergast.

Bis vor Kurzem gab es von dem Vernichtungslager nur zwei Fotos. Zeug*innen beschrieben den Anblick von Sobibór als »anmutig«.

Dort im Osten von Polen wurden die vier Menschen ermordet, die meine Großeltern und meine Tanten hätten werden sollen. Als ich zwölf Jahre alt war, wollte die Geschichte nicht zu mir gehören, sie wollte nicht an mir haften bleiben. Die Geschichte war zu absurd, zu unvorstellbar.

Im Haus Nummer 3 gibt es ein einziges Foto von den Menschen, die mein Opa und meine Oma hätten werden sollen. Das Foto lag immer irgendwo herum, aber wurde nie sichtbar aufgestellt. Manchmal fand ich es auf dem Treppenabsatz, zwischen einem Bücherstapel oder hinter einer Vase. Die Gesichter des Mannes und der Frau ziert das gleiche gezwungene Lächeln. Die hohe Stirn meines Großvaters ähnelt meiner. Sein schmales Gesicht hat Klasse. Ihre Schultern berühren sich leicht. Meine Großmutter ist bäuerlicher, wirkt tüchtig. Meine leicht verschlafenen Kulleraugen habe ich von ihr. Ihr Gesicht ist etwas offener als das ihres Mannes. Sie hat Locken. Sie trägt eine weiße Bluse mit einem riesigen Kragen und eine übergroße ovale Brille.

Die Familie, in die meine Mutter hineingeboren wurde, wohnte in Amsterdam in der Lepelstraat 89 über einem Butter- und Käseladen. Meine Mutter und ich lieben Butter, aber vielleicht ist das nur Zufall. In der zweiten Etage wohnte Familie Glasbeek, darüber befand sich das Stockwerk der Lakmakers. In ihren Wohnungen standen Tische, Betten, Schränke. Auf den Waschbecken lagen Seifenstücke. Ich glaube, die Vorhänge waren aus Samt. Ich glaube, sie hatten Angst, ich bin mir sicher, dass sie Angst hatten, und die Angst war berechtigt. All diese Familien wurden ermordet.

Das Haus musste zehn Jahre nach der Razzia dem Ausbau der hässlichsten Straße Amsterdams weichen und existiert nicht mehr. Ich stelle mir vor, wie die Etage, in der die Menschen wohnten, die meine Großeltern hätten werden sollen, nach Lab und Zigarren gerochen hat. So muss es gewesen sein.

Von den 146 Familien, die 1943 in der Lepelstraat wohnten, waren 123 jüdisch. »Löffelstraße« ist zweifelsohne ein fantastischer Straßenname. Auch die Nachnamen der Bewohn*erinnen konnten sich sehen lassen. Neben den Eingangstüren hingen Namensschilder, auf denen Worte wie De Paauw (der Pfau), Van Loggem, Da Silva, Kater und De Haas (der Hase) standen.

In der Nummer 89 wohnten in der ersten Etage zwei Eltern und ihre beiden Töchter. Aber das sollte sich schon bald ändern. Die bebrillte Mutter war schwanger.

Ich habe nie verstanden, wie zwei Menschen, die in Angst leben, ein Kind zeugen können. Vielleicht ging das Leben doch einfach weiter, vielleicht waren sie nicht so besorgt. Aber der Plan, der auf die Geburt meiner Mutter folgte, lässt vermuten, dass die Menschen, die meine Großeltern hätten werden sollen, auf das Schlimmste vorbereitet gewesen waren.

Viele Möglichkeiten blieben den Eltern meiner Mutter nicht, aber sie schafften es, nicht-jüdische Nachbar*innen aufzutreiben, die versprachen, das Baby, das meine Mutter damals noch war, aufzunehmen, falls die Nazis auftauchen sollten. Und sie tauchten auf.

Die Nachbar*innen halfen dabei, meine Mutter vor der Razzia fortzubringen, aber ihre Hilfe ging nicht so weit, wie sie versprochen hatten. Statt weiter für sie zu sorgen, gaben sie sie weg. Und statt auf die Wohnung im ersten Stockwerk der Nummer 89 aufzupassen, zogen sie einfach dort ein. Die Gardinen ließen sie hängen. Das entdeckte meine Mutter Jahre später.

Über den Plan ihrer Eltern sagt meine Mutter heute: »Natürlich haben sie mich gerettet. Aber sie haben mich auch zurückgelassen.«

Am 25. Mai 1943, als meine Mutter genau einen Monat alt war, wurde ihre Familie festgenommen. An jenem Dienstag, dem Tag, an dem diese Geschichte anfängt, machte die niederländische Schriftstellerin Marga Minco in der Lepelbuurt Besorgungen. Jedenfalls hatte sie das vor. Sie war unterwegs zum Metzger, vielleicht auch zum Butter- und Käseladen, der sich unter der Wohnung befand, in der meine Mutter vier Wochen zuvor zur Welt gekommen war. Marga Minco wurde bei der Razzia beinahe festgenommen, konnte aber nachweisen, dass sie in der Muiderschans wohnte. Einen Tag später kehrte sie in die Straße zurück, in der meine Mutter hätte aufwachsen sollen. In Das bittere Kraut schreibt sie:

> »Am nächsten Morgen ging ich wieder durch die Lepelstraat. Sie war mit Papier übersät. Überall standen Türen weit offen. [...] Aus mehreren Fenstern flatterten die Vorhänge. Irgendwo lag ein umgestoßener Blumentopf am Rand eines Fensterbretts. Hinter einem anderen Fenster sah ich einen gedeckten Tisch. Ein Stück Brot auf einem Teller. Ein Messer, das in der Butter steckte. Der Metzgerladen, wo ich am Vortag Fleisch hatte holen sollen, war leer. Vor die Tür war ein Brett genagelt, damit keine Person hinein konnte.«

Vieles wissen wir nicht. Unsere Vorgeschichte ist lückenhaft, deshalb ist diese Geschichte nicht ganz einfach zu erzählen. Wir wissen nicht, wann das Baby, das meine Mutter damals noch war, zu den Nachbar*innen kam. Wir wissen, dass diese Menschen ihr Versprechen brachen, aber wir wissen nicht, wohin sie meine Mutter brachten. Wir wissen, dass die Nachbar*innen die Wohnung kaperten, aber wir wissen nicht, wie meine Mutter nach Delft kam, zu dem Anwalt und Widerstandskämpfer Cornelis Chardon. Seine Kanzlei war täglich mit jüdischen Menschen überfüllt, die versuchten, vor der Deportation zu fliehen. Er organisierte falsche Papiere oder suchte nach Adressen zum Untertauchen. Wir wissen, dass der dreiundzwanzigjährige Anwalt meine Mutter zu einem kinderlosen Ehepaar schleuste, das im südholländischen Maasland in der Langetaam 24 wohnte. Später zog die Familie in die Beatrixlaan 9. Das Haus roch nach Mandarinen und Pfannkuchenteig. Das wissen wir, weil diese Menschen schließlich meine Großeltern wurden.

In der Langetaam 24, einem Haus, das ich nie von innen gesehen habe, wurde meine Mutter bis zum Kriegsende versteckt. Wenn Besuch kam, wurde sie in ein Schränkchen gesteckt, das sich hinter der Treppe befand. In dem Schränkchen war es stockdunkel. Das Ehepaar musste weiter Besuch empfangen, sonst hätte es sich verdächtig gemacht. Meine Mutter hat nie geweint. Auch ohne Besuch war sie ruhig. Ich stelle mir manchmal vor, wie es sein muss, Kaffee für Besuch aufzusetzen, der einen jederzeit verraten könnte, und manchmal stelle ich mir vor, was es einem Kind abverlangt, nicht zu weinen.

Der kinderlose Mann und die kinderlose Frau hatten einen Flurschrank voller Plätzchen und züchteten in ihrem Garten mit spielender Leichtigkeit Salat. Das war in dieser Gegend einfach so, alle bauten alles Mögliche an, als wäre es ein Kinderspiel.

Sie war ein Geheimnis und musste ein Geheimnis bleiben. Der kinderlose Mann und die kinderlose Frau waren Fremde, die sie in ihre Obhut nahmen, sie sorgten für sie, indem sie sie versteckten, sie verschwiegen, sie wie einen Schlüssel verschluckten. Sie wussten nicht genau, wie alt es war, das Baby, das meine Mutter werden würde. Und wenn Besuch kam, wurde es versteckt.

Die Menschen, die schließlich meine Großeltern wurden, gingen jeden Sonntag ihres Lebens zur Kirche, es sei denn, sie waren müde oder krank. Dann hingen sie am Kirchentelefon. Das Wort suggeriert, dass meine Großeltern mit Gott telefonieren konnten, doch in Wahrheit ging es um einen Radiosender, der eine Live-Aufnahme der Messe übertrug.

Sie waren klein und gemächlich, wie es sich für Opas und Omas gehört. Wenn ich früher mit meiner Mutter im Auto saß, und wir saßen oft zusammen im Auto, versicherte sie mir, ich hätte die Veranlagung zu Diabetes von meinem Opa geerbt. Erst als ich ungefähr zehn Jahre alt war, überzeugte mich ihr Argument nicht mehr, weil mir klar wurde, dass der Mann, der meine Mutter während des Kriegs gerettet hatte, definitiv keinen Einfluss auf meine DNA gehabt haben konnte.

Die Menschen, die meine Großeltern werden sollten, hatten ihr Leben aufs Spiel gesetzt, um meine Mutter in ihre Familie aufzunehmen. Meine andere Oma und mein anderer Opa, die Eltern meines Vaters, mussten nicht viel dafür tun, um meine Großeltern zu werden. Sie besaßen ein Gewächshaus, in dem sie Salat und Gurken anbauten und trugen folglich zur Lichtverschmutzung bei, für die unsere Gegend bekannt ist. Sie verkauften ihr Gemüse bei Auktionen. Sie wohnten an einem Wassergraben, zwischen den Weiden, die das Dorf wie riesige, von Wasser eingefasste Blätter umgaben. Sie bemühten sich, aber ich würde sie nie so sehr lieben wie meine kinderlosen Großeltern.

Meine Eltern lernten sich im Reformierten Jugendverein kennen. Natürlich fängt diese Geschichte auch dort an. Sie saßen zusammen im Komitee für die Weihnachtsfeier – ohne die Feier hätte mein Vater meine Mutter nie gefragt, mit ihm ins Kino zu gehen, ohne die Weihnachtsfeier hätte ich diese Geschichte nicht erzählen können.

Mein Vater hat mir einmal nach einem alkoholseligen Abend von den Anfangszeiten erzählt:»Deine Mutter war anders. Sie war zügellos, hatte Humor, war jung, schön und pflegte viele Freund*innenschaften. Sie war offenherzig, ungeniert. Und sie hat sich nie über die Vergangenheit beschwert.«

Die Scherze meiner Mutter bringen meinen Vater immer noch zum Lachen. Wenn sie zusammen durch die Straßen gehen, wirkt sie wie sein Kind. Neben ihm ist sie klein und frech. Ich sehe, dass sie einander immer noch in Erstaunen versetzen können.

Meine Mutter spricht nur beim Autofahren über meinen Vater. Dann sagt sie oft, dass er attraktiv ist. Und: dass er ein unglaublich guter Vater ist. Dass ich mir keinen Besseren vorstellen kann.

Unsere Familie und die Großeltern von beiden Seiten hatten jeweils ihren eigenen Platz in der reformierten Kirche, die nach dem Krieg wieder aufgebaut worden war. Es war nicht vorgesehen, sich einfach irgendwohin zu setzen. Der Bereich von meinem Vater, meinen drei Brüdern und mir befand sich im Mittelschiff in der vierten Reihe von der Rückseite des Gebäudes aus gezählt an der linken Seite. Meine Mutter traute sich nicht in die Kirche. Wir hatten nie Pfefferminzbonbons dabei, aber griffen gierig zu, wenn sie durch die Reihen gingen. Jeden Sonntag jeder Woche jeden Jahres saßen wir da, eine träge und verschlafene, mutterlose Familie, auf die Süßigkeiten lauernd, die aus den Handtaschen anderer Mütter zum Vorschein kamen. Sobald die Predigt begann, durften die jüngeren Kinder in einem nahegelegenen Keller spielen, aber mit zwölf Jahren war ich dafür zu alt.

Während meiner Tagträume erzählte uns der Pfarrer von einem Land, in dem noch kein Mensch von uns gewesen war. Er erzählte vom Sand, den Bäumen, Sträuchern, Seen und Flüssen. Von einem Meer, das rot war, und einem anderen, das tot war. Von den Menschen, die das Land bewohnten, aus dem Land vertrieben wurden und wieder zurückkehrten. Von den Tieren in dem Land, den Wundern, die sich dort zutrugen. Es war der Ort, wo all die Geschichten, die sich über das Kalenderjahr verteilt über die Kirchengemeinde ergossen, ihren Ursprung fanden: Palästina, Judäa, das Heilige Land, das Gelobte Land, Kanaan, das Land von Milch und Honig, Israel.

Meine vier Großeltern wussten es, meine Eltern, meine Brüder, meine Lehr*erinnen, meine Mitschül*erinnen, alle wussten, dass Israel das Gelobte Land war. Wir lasen es in der Bibel und in der Kinderbibel, es wurde uns in der zwei Pfarrer starken Gemeinde erzählt, wir sangen es auf den Kirchenbänken, es schallte aus dem Kirchentelefon. Ich wusste es, aber konnte mir mit zwölf nur schwer vorstellen, dass es möglich war, an diesen Ort zu reisen, dass er ein Land wie alle anderen war. Für mich war es unvorstellbar, dass es den Schauplatz der Bibel noch gab, dass die Ortsnamen auf dem dünnen Bibelpapier Jahrhunderte später auf Straßenschildern gelandet waren, dass es noch ein Volk gab, das vom Volke Gottes abstammte.

In der fünften Klasse mussten wir ein Referat halten. Woche um Woche stellten sich meine Mitschül*erinnen vor die Tafel, um uns von ihrem Wellensittich oder Labrador zu erzählen. Es wurden russische Zwerghamster und ein nahezu unendlicher Strom von Hauskatzen vorgestellt.

Ich hielt mein Referat über Israel. Es fühlte sich so an, als würde ich etwas über mich erzählen, obwohl ich den Zusammenhang zwischen dem Land im Nahen Osten und meinem maasländischen Leben nicht thematisierte. Stattdessen erzählte ich von Israel, – dem Urlaubsland.

Auf das Pult hatte ich ein Buch gestellt, dessen Cover ein Foto der Jerusalemer Altstadt unter einem strahlend blauen Himmel zeigte. Die fotografierte Sonne brach sich auf dem Felsendom. Ich hatte das Buch in der Bibliothek gefunden und alle Kapitel gelesen, die wichtigsten Informationen mit Bleistift unterstrichen.

Ich wusste, dass es für Referate eine bessere Note gab, wenn der Vortrag durch Bildmaterial oder Gegenstände ergänzt wurde. Ich habe den Dachboden von Hausnummer 3 abgesucht, den Spitzboden über den Zimmern des Bruders, der fortgehen würde, und des Bruders, der es auch spürte, alle Schränke und Schubladen, auf der Suche nach etwas, das die Lehrperson in seinen Bann ziehen würde. Ich wollte es – so wie immer – richtig machen. Ein Stein, dachte ich, ein Foto, wenigstens eine Menora. Ich durchsuchte das ganze Haus und fand nichts, das israelisch oder jüdisch war, keinen einzigen Gegenstand aus der Welt, die nie zur Welt meiner Mutter geworden war.

So lange ich denken kann, wusste ich immer, wo meine Mutter geboren worden war, welche Menschen ihre eigentlichen Eltern waren, und was mit ihnen passiert ist. Meine Mutter hatte mir erzählt, dass sie aus Amsterdam kam, und dass Opa und Oma nicht ihre Eltern waren. Sie erwähnte dabei immer, dass sie zu jung gewesen war, als sie diese Geschichte zu hören bekam. Sie war fünf Jahre alt und von meinem Vater weiß ich, dass sie sofort danach zu den Nachbar\*innen rannte, um ihnen die Neuigkeiten zu erzählen.

Außerdem wusste ich, dass ein Onkel den Krieg überlebt hatte und in Beverly Hills lebte, sehr vermögend war und Sam hieß. Auch ein Foto von ihm, auf dem er wie ein Dandy aussah, lag in unserem Haus herum. Meine Mutter hatte einen echten Uncle Sam gehabt, der nicht wusste, wie er mit ihr umgehen sollte. Trotzdem wurde der Bruder, der fortgehen würde, nach diesem Onkel benannt, nach ihm und nach dem Pflegevater meiner Mutter.

Über das Judentum wusste ich durch meine reformierte Erziehung überdurchschnittlich viel. Dieses Wissen nutzte ich auch für mein Referat. Abgesehen davon stammten alle Informationen, die ich eine Woche nach meiner fruchtlosen Suche mit meiner Klasse teilte, von den Seiten, die ich durch meine Finger gleiten ließ, um ab und zu ein Foto von der Klagemauer oder von Bethlehem zeigen zu können. Trotzdem bekam ich eine Eins Minus.

Als mein Vater zwei Jahre später unsere gemeinsame Reise nach Israel ankündigte, dachte ich, er hätte bemerkt, wie vergeblich meine Suche im Haus verlaufen war und dass er mir einen Stein gönnte, ein Foto, eine Möglichkeit, alldem näher zu kommen, mir etwas von der Welt geben wollte, die nie zur Welt meiner Mutter geworden war. Einige Jahre später stellte sich heraus, dass die Reise das Ergebnis eines Plans, eines Gesprächs ohne mich am Esstisch gewesen war. Aber jetzt verweile ich erst bei meinem damaligen Wissensstand, kurz bevor ich die Reise antrat und bei meinen damaligen Ängsten.

*

In der Nacht vor unserem Abenteuer drehte ich mich nochmal in meinem Hochbett um, wälzte mich im Nicht-Schlaf, und versuchte, meine Gedanken vom Mann ohne Gesicht loszueisen. Durch das Fenster sah der Himmel immer noch orange aus, ich glaubte, Vögel zu hören, die in einer endlosen Morgenröte herumflogen. Ich musste meine Gedanken auf morgen richten. Ab morgen würde sich mir das heutige Israel offenbaren, ein Land, das ich nur aus dem Bibliotheksbuch voller Bleistiftstriche und aus der Bibel kannte. Ich würde das Gelobte Land kennenlernen, die Bibel würde Wirklichkeit werden, ich würde durch sie hindurchlaufen. Die Heilige Schrift würde sich wie mein Disney-Buch aufrichten, das auf jeder Seite eine dritte Dimension entstehen ließ: flache Gebäude und Figuren, die keine Abbildungen waren, sondern Modelle, sobald die Seite umgeblättert wurde. Wenn ich das Buch zu doll zuklappte, wurden die Miniaturwelten falsch zusammengefaltet und die Gebäude bekamen Risse.

# Tel Aviv
## Samstag, 19. Oktober 1996

Wir stellten uns unter dem Schild FOREIGN PASSPORTS in die Schlange. Neben uns die Reihe DOMESTIC, echte Israelis. Ich sah vor allem Männer und Frauen und fragte meinen Vater, wo denn die Kinder seien. »In Israel leben keine Kinder«, sagte er. Mein Vater trug schon seit Monaten eine armeegrüne Zipp-off-Hose und ein T-Shirt – nicht in exakt der gleichen, aber fast in der gleichen Farbe, ein Farbnuancenunterschied, der mit der jeweiligen Anzahl der Waschgänge zu tun haben konnte – oder mit mangelndem Geschmack. Seine variationsarmen Outfits machten aus ihm eine Art Comicfigur. Auf dem T-Shirt war ein Elefant abgebildet – kein Mensch wusste, warum.

Die Gruppenreise, für die er uns angemeldet hatte, war auf sechs Tage angelegt. Die meisten Teilnehmenden waren christlich. Christ*innen mit einer Vorliebe für Israel. Es waren liebe Menschen, und es waren spießige Menschen. Wir waren das nicht. Uns war es gelungen, christlich zu sein, ohne spießig zu werden. Manchmal waren wir auch lieb.

Es waren meine ersten Herbstferien an der weiterführenden Schule. Ich hatte die christliche Grundschule gegen eine christliche weiterführende Schule eingetauscht. Manchmal gingen wir nicht nur sonntagmorgens, sondern auch sonntagabends in die Kirche, was sich wie eine Strafe anfühlte. Dass meine Mutter nie mitging, fand ich schade, ohne sie war ich im Familienkreis ein bisschen unsicherer. Sie mochte keine Räume, in denen sie die Übersicht verlor, wo sie sich beobachtet fühlte und der Ausgang unerreichbar wirkte. Aus diesen Gründen wollte sie auch nicht ins Kino oder ins Theater. Weil wir in einem Dorf lebten, blieben diese Unmöglichkeiten nahezu unsichtbar. Kaum ein Mensch ging ins Kino, denn es gab keines.

Vom Fliegen hielt meine Mutter auch nichts, meine Brüder interessierten sich nicht für Israel und außerdem hatte unsere Familie ein besonderes Talent für Pärchenbildungen.

Also flogen nur mein Vater und ich am 19. Oktober 1996 nach Tel Aviv. Ich war nervös. Aber na ja, das war ich eigentlich immer. Ich wollte Halt, ich wollte verstehen, ich wollte das Richtige tun. Ich wollte allem vorbeugen, ich wollte, dass im Haus Nummer 3 nicht eingebrochen wird, wollte die nächste Flutkatastrophe verhindern, wenn der Polder mal wieder viel Wasser führte, wünschte mir von ganzem Herzen, dass das Flugzeug, das uns nach Tel Aviv bringen sollte, in der Luft blieb.

Ich schnallte mich an und zog den Sicherheitsgurt so fest wie möglich. Es war der Tag, an dem Prinz Charles und Prinzessin Diana offiziell geschieden wurden, das Haager Übereinkommen über den Schutz von Kindern unterzeichnet wurde und Präsident Clinton die Olympischen Winterspiele in Atlanta eröffnete.

Damals hat mich das nicht interessiert, aber Israel wurde seit fünf Monaten von Benjamin Netanjahu regiert, dem ersten Ministerpräsidenten, der tatsächlich in dem Israel von nach 1948 geboren war, dem unabhängigen Israel, dem annektierten Israel, dem Israel, das genau wie mein Urlaub aus einem Beschluss heraus entstanden war. Jener 19. Oktober fiel in eine Phase der unerwarteten Annäherung zwischen Netanyahu und Arafat. Der israelische Premierminister hatte sich dem palästinensischen Befehlshaber in den letzten neun Monaten immer weiter angenähert. Am 1. und 2. Oktober 1996 führten Netanjahu und Arafat unter Präsident Clintons wachsamen Augen Gespräche in Washington. Die Besiegelung des Bundes, der im stillen Kämmerlein geschmiedet worden war, fand auf den Treppen vor dem Weißen Haus statt, wo sich die beiden ausführlich die Hände schüttelten. Dieses Bild wurde vielfach festgehalten und reiste am nächsten Tag um die ganze Welt, aber der Moment sollte nie so berühmt werden wie das Foto, das ihm so sehr ähnelt: eines, das drei Jahre zuvor am gleichen Ort gemacht wurde und in nahezu allen Punkten mit seinem Zwillingsbild übereinstimmt, abgesehen davon, dass auf dem ikonischen Foto Jitzchak Rabin den Platz von Benjamin Netanjahu einnimmt. Auf dem älteren Bild: der gleiche Händedruck, derselbe Arafat, derselbe Clinton. Bei der genauen Betrachtung kann aber noch ein Unterschied gefunden werden: die Erleichterung in Clintons Augen ist auf dem älteren Foto überzeugender, seine Schultern und sein Lächeln sind stolzer und unbefangener, er strahlt eine deutlichere westliche Arroganz aus.

Rabin wurde am 4. November 1995 von einem rechtsradikalen jüdisch-israelischen, fünfundzwanzigjährigen Mann ermordet, der ein überzeugter Gegner der Friedensverhandlungen zwischen Israel und der Palästinensischen Befreiungsorganisation war. Jigal Amir schoss dreimal, eine der Kugeln traf Rabins Herz und durchbohrte den Zettel in seiner Brusttasche, auf dem das Friedenslied stand, das er gerade im Beisein der Demonstrant*innen vorgesungen hatte. Amir sitzt eine lebenslange Haftstrafe plus vierzehn Jahre ab. Er wurde für den Mord an einem Premierminister verurteilt, aber ist mit diesem Mord für eine fortwährende Besetzung und den andauernden Krieg verantwortlich.

Ein Ersatzpräsident wurde ins Amt berufen, Neuwahlen wurden abgehalten, es wurde sogar ein neues Foto gemacht, aber zu einem ähnlich starken Symbol der Hoffnung wurde das neue Bild nicht, die Überzeugungskraft war mit dem Mord an Rabin verschwunden.

Als Teenager habe ich mal ein Foto gesehen, auf dem der Mordanschlag von Schauspielern nachgestellt wurde. Auf dem Foto ist ein Mann mit einer Pistole in den Händen zu sehen, er trägt eine weiße Weste über seinem schwarzen Hemd und wird von zwei Männern flankiert, die ihm Anweisungen zur exakten Position und Haltung geben, den Winkel erklären, in dem sein Arm sich befinden muss. Als ich das Bild entdeckte, wusste ich nicht, dass es von den Polizeiermittlungen stammte und ich dachte, der Mord an Rabin würde so lange nachgespielt, bis alle im Land glaubten, was passiert war.

Wie bei allen Ereignissen von großer politischer Tragweite wurden die Ereignisse vom Abend des 4. Novembers 1995 von Komplott-Theorien getrübt. Je größer die Auswirkungen eines Vorfalls, desto zahlreicher die Schattengeschichten. Die hartnäckigste Version besagt, Rabin habe sein Image aufbessern wollen und deshalb einen Anschlag inszenieren lassen – einen Anschlag, der ihm versehentlich zum Verhängnis wurde. Ich muss zugeben, dass das eine verlockende Vorstellung ist, ein bisschen Shakespeare, ein bisschen Scarface, ein bisschen Gute Zeiten, Schlechte Zeiten.

Ungefähr zwei Wochen nachdem Billy, Bibi und Jassir auf den Stufen vor dem Weißen Haus vor unzähligen Kameras posiert hatten und fast ein Jahr nachdem Rabin vorsätzlich oder nicht ermordet wurde, streiften mein Vater und ich durch den blitzblanken Flughafen, der den Namen von Israels erstem Präsidenten trägt. Der 19. Oktober 1996 war ein Samstag, es war also Sabbat, aber weder meinem Vater noch mir war das bewusst. Im Tagebuch, das ich während der Reise geführt habe, steht auch nichts von einem Ruhetag. Ich habe mich nie dazu durchringen können, regelmäßig Tagebuch zu schreiben, aber über diese Reise habe ich einen Bericht geschrieben, als hätte ich schon gewusst, dass er irgendwann wichtig werden könnte.

Ich habe das Heft in meinem alten Schlafzimmer gefunden, das jetzt als begehbarer Kleiderschrank fungiert, und in dem letztendlich nie ein Mann ohne Gesicht vorbeigeschaut hat, um meine ganze Familie zu ermorden. Auf dem schwarz-roten Umschlag habe ich mit Stickern »Maurits' Tagebuch« buchstabiert. Die Seiten sind gewellt, weil das Haus, in dem ich geboren wurde, kein Haus ist, in dem Sachen ordentlich aufbewahrt werden.

Es ist wirklich schade, aber mein Tagebuch ist enttäuschend schlecht geschrieben. Jedes Wort wurde abgewägt, alles ist brav und uninspiriert. Sogar in meinem Tagebuch habe ich mich nicht getraut, aus der Reihe zu tanzen. Lustigerweise war ich trotz der ganzen Bemühungen ein komisches Kind, auch wenn ich davon überzeugt war, mich als unauffällig und normal tarnen zu können.

Der Ben-Gurion-Flughafen roch am Tag unserer Ankunft neu. Er war auch neu. Inmitten der einkaufszentrumartigen Halle (Israelis lieben Einkaufszentren) sprudelte ein Springbrunnen, das Wasser war grün beleuchtet. Um den Springbrunnen herum Cafés, um die Cafés herum Geschäfte. In dem Gang zum Zoll wurden wir vom für Israel so typischen sandfarbenen Stein umgeben. Ein Menschenmeer, das sich umzäunen ließ, sich Reihen zuordnete.

Wir warteten, und das erinnerte mich an die Kirchenbesuche, die aus so viel Warterei bestanden. Ich dachte an den Auszug aus

Ägypten, Moses, seinen Stock, den Berg, die Steine, die er auf den Gipfel trug, den brennenden Busch, das aus Gold geschaffene Kalb. Das Rote Meer, das er teilte. Passkontrolle.

Mein Vater neben mir, mein Moses. Ich stellte mir vor, wie uns der Zutritt versagt würde, weil ich immer von der Unmöglichkeit ausging und Drama vortäuschte, an dem es meinem jungen Leben fehlte. Ich wollte einen Vorschuss auf all die Gefühle, von denen ich glaubte, ihnen im Erwachsenenalter zu begegnen.

Niederländische Menschen sind verwöhnt, wenn es um Autoritäten geht. Die bösen Blicke, Maschinengewehre, endlose Schlangen, ausführliche Kontrollen, die Liste mit Fragen, die in gebieterischem Ton abgearbeitet wird: So etwas kennen wir nicht. Die Soldat*innen von Ben-Gurion waren die ersten Soldat*innen, die ich außerhalb des Fernsehbildschirms sah. Sie standen lässig auf den glänzenden Fliesen, wurden von den anderen Fluggästen nicht wahrgenommen. In meinem Tagebuch steht: »Da standen Soldaten, die Wache hielten.« Ich vertraute Gewehren und den Männern nicht, die sie trugen, doch ich verstand, dass das Land, das wir betraten, beschützt werden musste. In der Bibel wurde es immer im Zusammenhang mit Krieg genannt, mit Unterdrückung, mit der Bedrohung durch das Andere.

Der Himmel war noch farblos, als wir in ein Taxi stiegen, der Morgen musste erst noch kommen. Mein Vater saß vorne und sprach mit dem Fahrer Englisch. Aus dem Radio schallte Geplapper, das ich sofort großartig fand. Die kleinen Löcher in den Lautsprechern waren voller Sand.


Der Empfangstresen des Hotels war unbesetzt. Wir mussten uns noch für ein paar Stunden die Zeit vertreiben, bevor wir den Rest der Reisegruppe treffen würden. Ich traute mich nicht, meinen seufzenden Vater zu fragen, wie spät es war. Wir gingen wieder durch die automatischen Schiebetüren, durch eine schlafende Stadt in Richtung Strand. Es sollte ein heißer Tag werden. Das Straßenpflaster war hellbraun, altrosa und terrakottafarben, die Außenmauern waren verputzt und weiß gestrichen, es waren fast keine Vögel zu sehen.

Wir wollten unsere Rucksäcke und Schweißflecken loswerden. Der Sand war trocken, das Meer ruhig, die Liegen ordentlich aufeinandergestapelt. Mein Vater schlief am Strand von Tel Aviv ein. Ich konnte nicht schlafen, konnte nie schlafen, weil die Angst mich wachhielt, vielleicht waren es die gleichen Ängste, die dafür gesorgt hatten, dass meine Mutter nicht mitgekommen war und in meinem ganzen Leben noch nie die Kirche betreten hatte – es waren mit Sicherheit die gleichen Ängste, aber das wusste ich damals noch nicht. Ich wusste damals noch nicht, was ein Mensch alles erben kann.

An jenem Morgen spürte ich all die Erwartungen, die ein Urlaubsbeginn mit sich bringt: das Verlangen, etwas zu greifen, von dem sich am Ende des Urlaubs herausstellt, dass es nicht greifbar ist. Ich war müde, den Flug hatte ich an die Fensterverkleidung aus Plastik gelehnt verbracht, das geschlossene Mathebuch in den Händen, weit weg von etwas, das auch nur im Entferntesten an Schlaf erinnerte, und jetzt, Stunden später, befand ich mich in einem verwirrenden Rausch. Später wurde mir erzählt, dass ich sowieso immer schon ein verträumtes Kind war. Vielleicht lässt sich damit rechtfertigen, was als Nächstes geschah.

Ich starrte dort am Strand auf das Wasser und sah über der Oberfläche einen weißen Schleier, eine Wolke, Nebel, Rauch, ein Tuch, ein Gewand, ein Kleid. Es kam nicht auf mich zu, bewegte sich nicht aus sich selbst heraus, aber flatterte wie ein totes Blatt, dem vom Wind Leben eingehaucht wird. Ich konnte meinen Blick nicht abwenden, überlegte, meinen Vater zu wecken, aber behielt meine

Haltung bei, auf die Ellenbogen gestützt und zurückgelehnt, in die Ferne starrend, und sah so lange hin, bis ich nicht nur ein Gewand, sondern auch menschliche Fortsätze sah. Einen Arm, noch einen Arm, Beine, einen rundlichen Fleck über dem Weiß.

Okay, ich weiß, dass er es nicht war. Ich weiß, dass Jesus an dem nebligen Samstagmorgen nicht dort im Mittelmeer von Tel Aviv stand. Ich weiß das heute, und ich wusste es auch damals. Vielleicht sah ich ihn, weil all die Jahre der christlichen Erziehung, der Kirchenbankdrückerei und der Katechese mich in diese Richtung lenkten. Weil mir so oft von Visionen erzählt wurde, von Engelsbesuchen und Jesuserscheinungen, und wenn ich so etwas jemals selbst erleben würde, dann ja wohl dort, in der Freiluftbibel Israel.

*

Die Bibel wurde nicht nur in der Kirche und zu Hause nach dem Vla-Nachtisch aufgeschlagen, sondern auch bei der Katechese. Katechese ist ein komisches Wort. Zwischen meinem sechsten und meinem zehnten Lebensjahr öffnete ich jeden Mittwochnachmittag die schwerfällige Kellertür des Nebengebäudes der wieder aufgebauten Kirche, die inzwischen abgerissen wurde, und stieg vorsichtig die rollstuhlfreundliche Schräge hinab. Die Fenster befanden sich weit oben in den gekachelten Wänden, fast schon an der Decke. Ich beachtete die anderen Kinder in der Gruppe fast gar nicht, ein paar kannte ich von der Schule, andere aus dem Dorf. Im Dorf wohnten keine Personen, die ich nicht kannte, und falls es doch mal welche gab, kannten sie mich. »Bist du einer von den de Bruijns?«, fragten die Leute mich, und während ich nickte, stellte ich mir vor, wie meine Familie vor ihrem inneren Auge erschien: eine Mutter, die nie in der Masse unterging, ein besonders netter Vater und vier Daltons.

Die Frauen, die die Gruppe leiteten, trugen ihre Ponys bis zu den Augenbrauen und waren unglaublich verständnisvoll. In dem kalten Keller besprachen wir jede Woche eine Bibelgeschichte. Die Frauen lasen vor, wir hörten zu und danach durften wir sagen, was wir von der Geschichte hielten. Die Frauen mit den Ponys brachten mir schon in jungen Jahren bei, dass meine Lesart zählte, dass es immer Raum zur Interpretation gab, für Zweifel, Randbemerkungen und Reflexion, für Ungewissheit. Dort in diesem Keller wurde mir klar – ganz gleich, ob das die Absicht war oder nicht –, dass die Botschaften der alten Geschichten zwar wichtig waren, aber ihre Buchstäblichkeit eine Illusion. Doch das tat den Erzählungen keinen Abbruch, es machte sie stärker, vielgestaltiger, bedeutungsvoller.

Aus heutiger Perspektive ist eine solche Jugend gefährlich. Ich war ein empfängliches Projektil, ein leeres Fass, das mit Schulbüchern, Bibelversen, Auffassungen und Ablehnung gefüllt wurde. Und es gibt kein Zurück zum leeren Fass: Bevor du weißt, dass du ein leeres Fass gewesen bist, bist du schon gefüllt. Jeder Mensch wird unwissentlich von Secondhand-Ideen überspült, die anschließend gegen das Licht gehalten werden müssen. Das habe ich auch gemacht, aber erst viel später. Während meines ersten Besuchs in Israel war ich noch ein perfektes Legomännchen, frisch vom Fabrikfließband, das Produkt meines Vaters und meiner Mutter, meiner kleinen Gemeinschaft – auch wenn ich noch nicht alles verinnerlicht hatte. Der Krieg, die Trauer, waren damals ausschließlich meiner Mutter vorbehalten. Dachte ich.

. *

Die Jesuswolke hatte sich aufgelöst, aber der Himmel über dem Meeresspiegel von Tel Aviv schwankte weiter zwischen Blau und Violett. Neben mir wurde der angespülte Fisch, der sich mein Vater nannte, hustend wach. Er putzte sich die Nase und drückte seinen Daumen dabei erst gegen den einen und dann gegen den anderen Nasenflügel. Er fragte mich, wie lange er geschlafen hatte. Zu lange, antwortete ich. Danach streichelte er mir über den Kopf.

Wir klopften uns den Sand von den Hosen und versuchten, uns zu orientieren. Der für den Sabbat so typische Stillstand, über den ich mich später noch öfter wundern sollte, hatte den ganzen Strand, den Boulevard und die Stadt in Beschlag genommen. Ohne zu wissen, ob wir in die richtige Richtung gingen, bogen wir rechts ab. Mein Vater klagte über Rückenschmerzen und wollte an einer Bar einen Espresso trinken. Ich mochte und mag Menschen, die das machen. Er trank den Espresso in einem Zug und ich unterdrückte den Impuls, ihn um ein Eis aus der alten Kühltruhe zu bitten. Wir mussten weiter. Zurück zum Hotel, in der Hoffnung, einchecken zu können.

\*

Vor Kurzem sagte mein Vater über die Zeit vor der Reise, dass unsere Familie damals perfekt war. Wenn ich jetzt ein Foto von damals betrachte, dann sehe ich es auch. Nicht, dass unser Haus jemals aufgeräumt war, oder dass wir die allergläubigste Familie waren, aber wir waren gut. Wir wussten, was Liebe war, wir waren mondäner als der Rest des Dorfes, wir hatten Geld, und meine Brüder und ich trugen manchmal zueinander passende Pullover. Wir waren die Art Familie, auf die andere Eltern eifersüchtig waren. Sechs Menschen, die Glück hatten, vier höfliche Jungs, von denen drei Fußball spielen konnten, ein Hund, der Dolly Parton hieß, ein Haus, in dem gelacht wurde, und in dem Menschen, denen es weniger gut erging, Essen bekamen oder eine Zeit lang übernachten konnten, eine Familie, auf die Verlass war.

Dieses Bild hielt nicht ewig stand. Ungefähr ein Jahr, bevor mein Vater und ich in Israel landeten, fragte sich der Bruder, der fortgehen würde, plötzlich, warum wir unsere Hintertür nie abschlossen. Damals war er achtzehn. Ich saß auf einem Gartenstuhl, mein Vater saß auf einem Gartenstuhl, und mein Bruder, der aus dem Nichts fragte, welche Person unsere Haustürschlüssel hatte, saß auch auf einem Gartenstuhl. Er fragte, wo der Schlüssel aufbewahrt wurde, und äußerte seine Sorgen bezüglich Eindringlingen, die er »sie« nannte. »Bald kommen sie«, sagte er, und mein Vater und ich trauten uns nicht, ihn zu fragen, welche Personen »sie« waren.

Während mein Bruder diese Fragen stellte und mein Vater sie mit vor Schmerz verzogenem Gesicht beantwortete, wurde mir klar, dass er gerade von uns davontrieb, dass hier eine andere Geschichte anfing. Später sollte sich das bewahrheiten. Das Gespräch markierte den Anfang weiterer Sorgen im Kopf meines Bruders, von mehr Verwirrung, weiteren Wahnvorstellungen, Schreckensbildern und nächtlichen Irrungen. Mein klügster Bruder verlor das Vertrauen in nahezu alles, was einem Menschen Halt geben kann.

Bald darauf zogen mein Vater und er in eine Wohnung über dem Albert Heijn. Dort sollte der Bruder, der fortgehen würde, zur Ruhe kommen, und mein Vater konnte ihm dabei zur Seite stehen, ihn vielleicht verstehen lernen. In einer sechsköpfigen Familie gab es nicht viel Raum für individuelle Gefühle und Abwege.

Die Wohnung über dem Albert Heijn war die erste Wohnung, die ich von innen sah. Schon bald rief meine Klassenlehrerin mich nach dem Unterricht zu sich und fragte, ob sich meine Eltern ge-

trennt hätten. Nein, sagte ich und zweifelte sofort am Wahrheitsgehalt meiner Worte.

Von diesem Zeitpunkt an waren wir nicht mehr eine Familie.
Stattdessen zeichneten sich die verschiedenen Teile, aus denen unsere Familie bestand, deutlicher ab. Mein Vater und der Bruder, der
fortgehen würde, hatten keinerlei Kochkenntnisse. Der Bruder, der
es auch spürte, und der Bruder, der blieb, verbrachten immer weniger Zeit zu Hause, streunten als Fünfzehn- und Sechzehnjährige
durchs Dorf und die nächste Stadt, versteckten sich bei Freund*innen, hatten plötzlich ein eigenes Leben.

Dann gab es noch den Teil, der aus meiner Mutter und mir bestand. Meine Mutter, die am Tisch Zigaretten rauchte und durch-
gehend telefonierte. Es gab nicht viel Besuch. Die Menschen halten
lieber sicheren Abstand zu Kummer. Ich verbrachte Abend für Abend
auf dem Sofa, schaute wie betäubt Fernsehen. Nur beim Freitag-
abendsoftporno auf SBS6 spürte ich eine gewisse Erregung, auch
wenn die Filme nicht zu meinen Sehnsüchten passten. Das sexuelle Verlangen ist besonders spezifisch, wurde uns in die Seele geschrieben, wie ein Sexualforscher es einmal formulierte, aber es ist
gleichzeitig besonders generisch. Gib mir etwas Haut, ein paar
Geschlechtsteile und ein bisschen Gestöhne und schon schaute ich
gebannt zu.

Ein Zerfall war in Gang gesetzt worden, der sowohl schleppend
als auch unvermeidbar zu sein schien. Es ist ein Zerfall, dem letztendlich jede Familie ausgesetzt ist, es sei denn, sie ist sehr gut darin,
diese Zeit, das Erwachsensein, das Widerstreben und andere Hürden
zu leugnen.

*

Am T-Shirt meines Vaters klebte noch Sand. Mittlerweile stand eine junge Frau hinter dem Empfangstresen des Hotels. Sie lächelte mir zu, und während mein Vater unsere Pässe aus den Tiefen seines Rucksacks hervorkramte, fragte sie mich, wie unser Flug gewesen sei, der in meiner Welt schon so weit zurücklag. Mein Englisch war gut und ich freute mich, meine Fähigkeiten endlich außerhalb des Klassenzimmers anwenden zu können. Sie stellte sich vor, fragte, woher ich komme und wo der Rest unserer Familie sei. Als mein Vater die Pässe gefunden hatte, musste er ein Formular ausfüllen und die junge Frau klapperte mit ihren Nägeln auf der Tastatur. In dem Moment realisierte ich, dass sie abgesehen von meiner Mutter und *Die Nanny* die erste jüdische Person war, die ich kennenlernte. Ich versuchte, Ähnlichkeiten zwischen den drei Frauen auszumachen. Mit Erfolg. Alle drei trugen unglaubliche Mengen Make-up.

Die Wände des Hotelzimmers waren mit Holz verkleidet, vor dem Fenster standen Möbel aus Rattan. Ich nahm ein Bad, während mein Vater seinen sandigen Körper aufs Bett legte. Geduld für eine echte Badezimmersession hatte ich damals nicht, aber ich wollte gerne das tun, was gut für mich war.

Es würde noch Stunden dauern, bis wir die Reisegruppe im Hotelgarten treffen würden. Ich war mit Abstand der Jüngste. In mein Tagebuch schrieb ich, dass auf dem Holztisch Schälchen mit eingelegtem Gemüse standen, also glauben wir das einfach mal. Ich ekelte mich vor eingelegtem Essen. Die israelische Küche war damals noch nicht verottolenghisiert. Ich sollte sieben Tage lang mit einem leeren Teller an den Buffets vorbeigehen, die mit geschmortem Hecht, Gewürzgurken, saurem Hering, Maissalat und verkochten Möhren bestückt waren.

In jener Woche lernte ich Hummus kennen (aber Hummus war damals noch nicht die göttliche Paste, die es jetzt ist, es war die Farbe Beige in essbarer Form: mehlig, sandig, verklebte einem für eine Ewigkeit die Mundhöhle. Hummus war das Bindemittel von Israel, eine Notwendigkeit, vielleicht sogar eine Bedingung, er hatte die gleiche Farbe wie das Gestein in Jerusalem, wie der Wüstensand, er war zwar von Bedeutung, schmeckte aber nach nichts).

Am Tisch saßen ungefähr dreißig Leute. Ich sah viele Rucksäcke und Wanderschuhe, ich sah Entscheidungen, die aus praktischen Gründen getroffen worden waren: Zipp-off-Hosen, Bauchtaschen, Sonnenhüte. Vor ihnen lagen ausgebreitete Stadtpläne, obwohl jeder Schritt, den wir machen würden, schon vorher vom Reiseleiter festgelegt worden war. Der Reiseleiter hatte graue Haare und ein wettergegerbtes Gesicht, er war ein Niederländer, der nach Israel gezogen war, nachdem er sich in eine israelische Frau verliebt hatte. Ich fand ihn unglaublich langweilig und schenkte ihm und seinen Geschichten in der ganzen Woche nur wenig Aufmerksamkeit.

Um die alten Hälse einiger Frauen hingen vergoldete Davidsterne. Die Schwester meines Vaters und ein paar Frauen aus dem Dorf trugen auch so etwas. Sie waren nicht jüdisch. Christliche Frauen wie sie – es sind immer Frauen – mit einem goldenen Hexagramm auf der Brust bilden eine besondere Untergruppe. Sie sind fromm und fühlen sich nahezu allen und jedem überlegen – außer dem jüdischen Volk. Mit diesem Volk fühlen sie sich verbunden. Sie wollen sich durch die jüdische Identität profilieren, an erster Stelle, weil das Volk auserwählt ist, Gott näher ist, und wenn dieser Gedankengang weiterverfolgt wird, können Christ\*innen aus Gottes allmächtiger Perspektive immer nur zweitrangige Jüng\*erinnen sein. Durch den Stern bekamen diese Christinnen ein Upgrade und konnten sich irgendwo zwischen jüdischen und anderen christlichen

Menschen auf der imaginären Leiter zwischen Sterblichen und Gott platzieren.

Außer bei den Frauen in unserer Gruppe sah ich in Israel so gut wie keine goldenen Davidsterne. Die israelischen Frauen waren jüdisch (ich dachte damals, dass alle Israelis jüdisch seien) und hatten nicht das Bedürfnis, ihre Religion durch ein Symbol zur Schau zu stellen. Genau wie Amsterdam-Schals nicht für Amsterdám*erinnen gedacht sind. Erst Jahre später fiel mir auf, dass die meisten jüdischen Frauen keinen Davidstern, sondern ein Chai-Zeichen trugen, einen zweibeinigen Buchstaben, der einem N ähnelt, oder noch eher einem umgedrehten U, mit einer Art Apostroph links oben. Noch später begriff ich, dass der Davidstern für manche Jüd*innen seit der Shoah kein freiwilliges Symbol mehr ist, sondern ein aufgezwungenes. Dieses Zeichen ist ihnen zufolge nicht mehr unverbindlich, frivol oder mystisch, und deshalb verdient der Stern es nicht mehr, in Gold gefasst zu werden. Chai steht für »Leben«, also für das Gegenteil von Shoah.

*

Ich habe nie so eine Kette getragen, trotzdem werde ich manchmal von Leuten angesprochen, die mich aus dem Nichts heraus als Juden bezeichneten, wie die Mutter eines Freundes, die bei einem Geburtstag zu mir eilte, um mir zu sagen, ich sei so ein hübscher jüdischer Junge (ich war damals Anfang dreißig) und dass sie »schon immer was für jüdische Menschen übriggehabt habe«, denn »die sind so besonders«. Auf ein bestimmtes unangenehmes Gespräch konnte mich jedoch absolut nichts vorbereiten – »Ja, ich bin Jude«, »Nein, meine Mutter«, »Nein, ich esse nicht koscher«, »Meine Mutter

wurde nicht jüdisch erzogen«, »Weil sie nicht bei ihren Eltern aufgewachsen ist«, »Die wurden ermordet«.

In der Zeit, in der ich noch regelmäßig gedatet habe, graute es
mir immer vor dem Moment, in dem ich die Geschichte meiner
Familie erzählen musste. Die Auslöschung meiner Familie warf jedes
Mal einen Schatten über den Abend, ganz gleich, wie locker ich
darüber sprach. Meistens wurden anschließend unzählige Fragen
abgefeuert, weil die zuhörenden Personen bei solchen Geschichten
denken, die Fragenstellerei würde ihr Mitgefühl ausdrücken, und
dann gilt: je mehr Fragen, desto mehr Mitleid. Außerdem ist es
schwierig, nach fünf Minuten Holocaust das Thema zu wechseln.
Zum Glück gibt es Zigaretten und Toilettengänge. »Das ist keine
Geschichte für die Kneipe«, hat mein Vater mal gesagt. Er hat recht.

Die Shoah, mein jüdischer Hintergrund, meine verwaiste Mutter,
die fast vollständig ausgelöschte Familie, all das kommt manchmal
einfach zur Sprache. Meistens passiert es schon kurz, nachdem ich
die Person kennengelernt habe. Wenn ich mich vorstelle, die Hand
nach dem Schütteln loslasse, folgt oft eine Frage, weil sie einen
anderen Namen als Maurits de Bruijn erwartet hatten. Aber du bist
kein richtiger Niederländer, oder?, fragen sie dann.

Und ob, sollte ich dann antworten. Und ob, ich bin Niederländer,
das sollte ausreichen, aber der Gefallsüchtige in mir meint, er müsse
unbedingt eine Erklärung abgeben. Ich bin Jude, antwortet er. Das
erklärt das Unbekannte. Meinen Bartwuchs, meine Augenfarbe, die
Form meines Gesichts, die Nase, die ich jahrelang verflucht habe,
vielleicht meine Kleidung, die Art, wie ich rede, gehe, alles wird
gedeutet. Alles, was abweicht, wird wohl jüdisch sein.

Natürlich gibt es einen Grund dafür, dass mein vermeintlich jüdisches Aussehen nicht als niederländisch empfunden wird. Das hat
damit zu tun, dass mehr als siebzig Prozent der jüdischen Nieder-

länd*erinnen ausgerottet wurden. Es sind zu wenige Gesichter übriggeblieben, die als jüdisch erkannt werden könnten. Jüdische Menschen sind größtenteils von den niederländischen Straßen
verschwunden, eine bestimmte Art des Sprechens fiel weg, vielleicht
auch ein bestimmter Gang. Nicht nur, weil die Menschen, die so
gingen, ermordet wurden, sondern auch, weil die Menschen, die
übriggeblieben waren, die knapp dreißig Prozent, sich nicht mehr
trauten, so zu gehen wie sie vor der Ausrottung gingen.

Dass ein vermeintlich jüdisches Aussehen nicht erstrebenswert
war, habe ich schon früh zu spüren bekommen. Meine Mutter ließ
keine Gelegenheit aus, um sich über ihre als jüdisch zugeschriebenen
Merkmale zu beschweren: tiefliegende Augen, grobschlächtige Ge-
sichtszüge, hohe Wangen, große Nase. Als ich mir mit vierzehn
Jahren die Haare abrasierte, weil ich nichts Besseres zu tun hatte,
waren es nicht die Mitschül*erinnen oder die Jungs aus der Nachbar*innenschaft, sondern meine Mutter, die mich spottend fragte,
ob ich frisch aus dem Konzentrationslager käme. Ich hörte zum
ersten Mal in der ikonischen Fernsehserie Beverly Hills 90210 von
Nosejobs. Kelly Taylor hatte in den Sommerferien einen machen
lassen. Einen Tag nachdem Kelly Steve gebeichtet hatte, eine neue
Nase zu haben, bat ich meine Mutter um eine solche Operation. Das
musst du aber selbst bezahlen, sagte sie. Richtig: Sie riet mir nicht
davon ab.

Mit fünfundzwanzig stand ich in einem Garten in der Willems-
straat und sprach mit dem Stiefvater eines Freundes. Der Mann
arbeitete als plastischer Chirurg in Ankara und war Mitglied der
örtlichen Freimaurerei. Nach einem unerwartet guten Gespräch
unterbreitete mir der schnurrbärtige Stiefvater ein Angebot. »Wenn
du mal in Ankara bist«, sagte er aus dem Nichts heraus, »dann bekommst du von mir eine kostenlose Nasen-OP, den sephardischen

Knick kann ich problemlos ausbügeln.« Und er zeigte mir auf seinem Smartphone Vorher-Nachher-Fotos. Ich musste zugeben, dass meine Nase wie die auf den Vorher-Fotos aussah.

Der unsichere Teenager, der immer noch irgendwo in mir wohnte, jubelte vor Freude und wollte sich hervorkämpfen und das Angebot annehmen. Meine fünfundzwanzigjährige Hülle lehnte höflich dankend ab.

*

Als ich zwölf war, weckte mein Gesicht noch keine Zweifel bei den Leuten, denen ich mich vorstellte, und meine Nase war noch keine Quelle der Unsicherheit, meine Haare waren noch blond, meine Nase ein nichtssagender Stöpsel. Somit fragte mich keine Person aus der Reisegruppe, wo ich denn herkomme. Stattdessen fragten sie mich, wie alt ich sei. Eine sichere, einfach zu beantwortende Frage.

An dem fettigen Holztisch mit Eingelegtem saßen die freiwilligen Sternträgerinnen, die Wanderschuhträg*erinnen und unser Reiseleiter, der das Wochenprogramm ausgedruckt hatte und es uns ausführlich erklärte. Anscheinend würden wir eine Menge Kirchen besichtigen. Aber das würde ich schon überleben, solange wir auch nach Jerusalem fuhren, solange wir herausfinden würden, wie in diesem Land gelebt wurde, solange wir Essen finden würden, das mich überzeugen konnte. Das Gerede des Reiseleiters fügte dem Programm absolut nichts hinzu. Wirklich willkommen fühlte ich mich nach seiner Ansprache auch nicht, auch wenn das seine ersten und letzten Worte waren: herzlich willkommen in Israel.

Merel war neben mir die einzige Person aus der Reisegruppe, die die vierzig noch nicht überschritten hatte. Sie war fünfundzwanzig, hatte glatt gekämmte, dunkelbraune Haare und einen makellosen

Charakter. Sie strahlte eine intensive Freundlichkeit aus, die es anderen unmöglich machte, unfreundlich zu sein. Beim ersten Mittagessen zeichnete sich ab, dass Merel einen Narren an mir gefressen hatte. Nach der Ansprache des Reiseleiters kam sie mit zwei Gläsern Cola zu mir, wich nicht mehr von meiner Seite und löcherte mich mit Fragen. Ich mochte zwar keine Cola, aber ich konnte ihre Kontaktaufnahme – eingeklemmt zwischen den Armen von Männern und Frauen, die mindestens viermal so alt waren wie ich –, gut gebrauchen.

Mein Vater freundete sich in jener Woche notgedrungen mit Merels Vater an, der ein Cap und eine Gürteltasche trug und Erdkundelehrer war. Zufälligerweise interessierte sich mein Vater schon sein Leben lang für Geologie und es gab nur wenige Menschen, mit denen er diese Leidenschaft teilen konnte. Die beiden Väter tranken jeden Abend zusammen und übertrumpften sich mit ihrem Wissen über Erdschichten, das alte Palästina, die deutsche Wirtschaft, römische Ruinen oder südamerikanische Politik. Auch Merel trug die Kette. Sie studierte Geschichte und hegte deshalb neben ihrem christlichen Fetisch für das Gelobte Land auch eine historische Faszination.

Merel fragte mich am ersten Tag mehr, als ich je gefragt worden war, die Augen gierig, so wie ich sie in jener Woche noch öfter sehen sollte. Denn Merel wollte sich Israel einverleiben. Sogar den Hummus und die Essigfrüchte stopfte sie in sich hinein. Sie kompensierte die ausgestrahlte Langweiligkeit und die Wissenslücken unseres Reiseleiters bestens, aber wenn sie bei der ein oder anderen Ruine einen Monolog zum Besten gab, hörte nur ihr Vater zu. Ich lief in jenem Urlaub im Freizeitpark namens Israel herum und hatte keine große Lust auf eine geführte Tour. Ich wollte mir eine eigene Version des Landes erschaffen, ich wollte in der Bibel und folglich in der Fiktion herumlaufen. Historische Interpretation konnte diese Erfahrung nur beeinträchtigen. Ich war genauso fetischistisch veranlagt wie meine sterntragende Tante und davon überzeugt, dass von jüdischen Menschen eine goldene Aura ausging, dass sie das auserwählte Volk waren. Und ich glaubte auch, dass all das Leid, das schon in der Bibel seinen Anfang genommen hatte und vor nicht allzu langer Zeit seinen absoluten Tiefpunkt (oder Höhepunkt) erreicht hatte, zu dieser Mythologisierung beitrug. Das glaubte ich nicht nur, das spürte ich auch. Ich spürte diese Aura auch bei meiner Mutter. Dass ich selbst Jude war, oder dass es Szenarien gab, in denen ich das war, wusste ich noch nicht. Ich war reformiert.

Für Schwarze Menschen, die sich *weiß* verhalten, *weiß* kleiden und *weiß* sprechen, gibt es einen respektlosen Begriff: Bounty. Schwarz von außen, *weiß* von innen. Es gibt auch ein genauso problematisches asiatisches Äquivalent: Banane. Die südasiatische Variante wird Kokosnuss genannt – abfällige Begriffe für Menschen, die die Verbindung zur kulturellen Identität ihrer Vorfahr*innen verloren und sie gegen eine westliche Identität eingetauscht haben. Kolonialismus, Migration, Adoption und Diaspora sind die häufigsten Ursachen für dieses Phänomen.

Für die kollektive kulturelle Abkopplung von Jüd*innen gibt es einen solchen Begriff nicht. Vielleicht, weil die Gründe für die verlorene Verbindung, für die durchtrennte Kette der Bräuche, Sprache, Kultur und des Essens so eindeutig und absolut verheerend waren.

Ich trank von der fade schmeckenden Cola und spürte, wie plötzlich allerlei Gedanken durch meinen Kopf schwirrten. Auf dem fettigen Tisch hatten sich immer mehr Essigschlieren und -tropfen angesammelt, die eine der Sternträgerinnen mit einem Stapel Servietten bearbeitete. Ihr Mann wollte sie davon abhalten, aber es machte den Eindruck, als versuchte er schon seit Jahren vergeblich, sie in den

Griff zu kriegen. Ich sprach mit Merel und spürte, wie ich wuchs, weil sie mich ernst nahm, weil es endlich einen Kontext gab, in dem ich nicht der Jüngste, sondern der Einzige war. Das einzige Kind meines Vaters, der weiter vorne am Tisch mit seiner netten Art die ganze Gesellschaft für sich gewann, so wie er immer nahezu alle Menschen für sich einnahm. Mein Vater war ein Problemlöser, der Wächter, der Hausmeister in meinem Elternhaus, er war groß und zuverlässig.

*

Ein paar Monate, bevor ich an diesem fettigen Tisch saß, wurde deutlich, dass mein Vater es nicht schaffen würde, meinem ältesten Bruder die Sorgen zu nehmen. Deshalb verließen mein Vater und der Bruder, der fortging, die Wohnung über dem Albert Heijn. Mein Vater zog wieder bei uns ein. Mein Bruder kam in ein Sanatorium für jüdische Menschen. Meine Mutter glaubte, seine Psychose hätte mit dem Krieg zu tun.

Sinai hieß das Sanatorium, benannt nach dem Berg, auf dem Moses die zehn Gebote in die Finger bekam. In Sinai wurden in der Nähe des ehemaligen Durchgangslagers Amersfoort (ja, wirklich!) jüdische Menschen mit psychischen Erkrankungen und traumatisierte Soldat*innen behandelt. Es war schön dort, das Gesicht des Bruders, der fortging, entfaltete sich langsam wieder, er wirkte ruhiger. Er teilte sich das Gebäude mit alten jüdischen Männern und wir ließen ihn nur ungern zurück, wenn wir nach einer Stunde wieder fahren mussten.

Nach einem halben Jahr im Sanatorium kam der Bruder, der fortging, zurück. Die Untergangsstimmung war weg, seine Haare waren nachgewachsen, aber die perfekte Familie gab es nicht mehr.

Wir hatten uns um seine Gesundheit gesorgt, waren angespannt, wurden Dinge gefragt, auf die wir keine Antwort wussten, und wenn wir einkaufen gingen, wurden wir von Blicken verfolgt. Das Dorf hatte auf die Psychose meines Bruders tratschend und missbilligend reagiert. Was auch noch passiert war: Mir wurde ein Spiegel vorgehalten, der mir zeigte, wie eine psychische Erkrankung aussah und dass eine Psychose immerzu auf der Lauer lag.

Erst Jahre nach der Reise begriff ich, dass die Reise ins Gelobte Land mit der Aufnahme meines Bruders zu tun hatte. Meine Mutter fand, dass ich nach dieser unruhigen Phase gut etwas mehr Aufmerksamkeit vertragen konnte und glaubte, ich würde aufblühen, wenn ich mehr Zeit mit meinem Vater verbrachte. Sie hatte ihn bei einer Zigarette am Esstisch gefragt, ob er mich mit in den Urlaub nehmen wolle. Ich habe nie herausgefunden, warum sie dieses Reiseziel ausgesucht hatten und ob mein Referat etwas damit zu tun hatte. Frage ich sie heute danach, dann bleiben sie mir die Antwort schuldig, weil ihre Erinnerungen lückenhaft sind. Jedenfalls zogen wir los. Nach Israel.

# Caesarea
## Sonntag, 20. Oktober 1996

Die Reise bestand aus mehreren kleinen Busreisen. Jeden Morgen stopften wir unser Gepäck in den Bauch eines Busses, der uns später am Tag an unserem Bestimmungsort absetzte. Das Ding röhrte beim Warten auf uns wie ein riesiges Tier. Die tiefrote Verkleidung verriet das Alter des Fahrzeugs, es musste aus den Siebzigerjahren stammen. Wir verbrachten die Nächte immer woanders, was bedeutete: Jeden Abend gab es ein neues ekliges Buffet und ein anderes Bett für schlaflose Nächte.

Am zweiten Morgen der Reise fuhren wir Richtung Norden und Merel fragte, ob sie sich neben mich setzen dürfe. Das durfte sie. Im israelischen Bus plärrte jede Fahrminute ein Radio. Manchmal schallte ein arabischer Sender durch die Lautsprecher, manchmal ein israelischer, und ab und zu hätte ich schwören können, Russisch zu hören. Israelis können besonders viel Lärm und Reize aushalten, ich bin auf diesem Gebiet weniger talentiert.

Von all den unzähligen Sehenswürdigkeiten, die es in Israel zu erkunden gibt, war es ausgerechnet ein römisches Amphitheater, an dem wir abgesetzt wurden. Die Ruine fand ich nicht besonders beeindruckend. Zum Glück gab es einen schwarzen, klapperdürren Hund, der mir hinterherlief. Die Zunge hing ihm seitlich aus der Schnauze, er hechelte, während wir den Bau bestiegen. Mein Vater hatte mich in einer seltenen Anwandlung von Begeisterung darum gebeten, mich auf den obersten Rang zu setzen.

Ich dachte damals noch, die Treppen, die ich hochstieg, wären Originale und nicht in diesem Jahrhundert nachgebaut worden; ich wusste nicht, dass sie ein vollwertiger Bestandteil der Attraktion waren, durch die ich mich bewegte.

Ich trug ein oranges T-Shirt der Marke Diesel, auf das ich sehr stolz war. Meine Mutter und ich liebten Markenklamotten, teure Kleidung, auf der große Logos prangten. Mein Vater trug immer noch das T-Shirt mit dem Elefanten.

Er und ich bildeten das ruhige Duo innerhalb unserer hektischen Familie. Wir waren die Einzigen, die zum Vergnügen lasen, gerne schwiegen, Geduld für Museen hatten, für so etwas wie Führungen. Ich verbrachte nie viel Zeit mit ihm, er brach im Morgengrauen auf und stieg in einen Zug, der ihn zu der Bank brachte, in der er als Devisenhändler arbeitete. Das bedeutete, dass er Geld gegen anderes Geld eintauschte und damit wiederum Geld verdiente. Spät abends nahm er den Zug zurück und während der gesamten Fahrt spielte er mit drei Männern Karten, die er nur vom Pendeln kannte. Seine langen Arbeitstage waren der Grund dafür, dass eine weiße Mikrowelle in unserer Küche stand, die im Übrigen auch die einzige Uhr im Haus war.

Manchmal deckte er mich zu, wenn er nach Hause kam. Er zog die Decke dann bis über meine Schultern und stopfte sie zwischen die Matratze und das Bettgestell aus Kiefernholz. Sobald er aus dem Zimmer ging und auf meine Bitte hin die Tür einen Spalt breit aufließ, damit etwas Flurlicht in mein Zimmer fiel, befreite ich mich aus dem

Haltegriff der Decke. Fest zugedeckt werden, war um einiges schöner als fest zugedeckt sein.

In jener Woche hatte ich täglich Zugang zu meinem Vater. Und so stellte ich fest, dass er ganz schön begeisterungsfähig war, wenn er nicht jeden Tag für eine Bank arbeiten musste. Und dass er mir viel Aufmerksamkeit schenken konnte, wenn ich nicht einer von vier Söhnen war, sondern für mich allein stand.

»Maup«, sagte das Echo, das aus dem weit entfernten Mund meines Vaters erklang – er stand ein paar dutzend Meter weiter unten in der schwachen Sonne mitten auf der Bühne des Amphitheaters –, »bewahre dir dein Herz aus Gold.« Die tiefe Stimme blieb in den Rängen des Theaters hängen und erklang immer wieder. »Maup«, sagte mein Vater wieder, »das ist der Tag deines Lebens«. Er lachte und das ganze Theater lachte. Ich konzentrierte mich auf den auf Baumwolle gedruckten Elefanten, bis mir schlecht wurde, die Höhenangst zuschlug. Ich fragte meinen Vater, ob er jetzt aufhören könne, sagte, das reiche jetzt doch wohl, aber er hörte mich nicht. Das akustische Geheimnis eines römischen Theaters funktioniert nur in eine Richtung.

Viele viele Jahre später drückte mich ein Junge mit dem Rücken gegen die beigen Wände der Grand Central Station in Midtown Manhattan und bat mich darum, genau dort stehen zu bleiben. Er ging zur anderen Seite der Wartehalle und drückte seine Wange an die Wand. Sein Flüstern, hatte er versprochen, würde mich meterweit entfernt erreichen. Als der Junge zurückkam und mich mit erwartungsvollen Augen fragte, ob ich ihn verstanden hätte, log ich und sagte, seine Worte hätten mich erreicht.

Am diesem ersten echten Reisetag suchten wir auch die Kreuzfahrerfestung von Caesarea auf. Und wir fuhren zum Hafen mit den römischen Lagerhallen und zu einem Hippodrom oder zu dem, was davon übrig war. All das interessierte mich nur mäßig. Vielleicht, weil ich die Geschichten, die hinter diesen Bauten steckten, vorher nicht kannte, weil mir diese Geschichten, im Gegensatz zu denen in der Bibel, noch nicht eingeimpft worden waren. Wir spulten das Programm ab, das auf dem ausgedruckten Zettel stand; es war eine Reise, die so schon viele Male gemacht worden war und nach uns noch viele Male gemacht werden würde.

Der Bus fuhr weiter nach Haifa. In meinem Tagebuch steht, dass wir dort das Mittelmeer sehen konnten. Ich lese noch etwas über ein Kloster in Akko, daran kann ich mich nicht mehr erinnern. Am späten Nachmittag erreichten wir Nazareth. Den Geburtsort von Josef, Zimmermann, Pflegevater, Beschützer der Kirche, Gutmensch, Liebling, Weggefährte, irdischer Stellvertreter des himmlischen Vaters. Josef, der nach der Geburt seines Sohnes im Wort Gottes kaum noch eine Rolle spielte. Josef, der erste aus dem Gedächtnis gelöschte Mann, der noch keine Windel wechseln konnte, der erste durchschnittliche Stümper. Der erste Vater, der im Leben seines Kindes größtenteils durch Abwesenheit glänzte und somit der Vorgänger aller abwesenden Väter, die von überanwesenden Müttern unterstützt und entschuldigt werden.

In Nazareth besuchte der Bus voller Israelfetisch*istinnen die größte christliche Kirche des Nahen Ostens. In der Verkündigungsbasilika hat Maria vom Engel Gabriel erfahren, dass sie schwanger wird, dass dafür kein Sex nötig ist, und dass das Kind, das aus dieser Schwangerschaft hervorgeht, der Messias sein wird.

*

Das Weihnachtsmusical, das zwei Jahre zuvor an meiner Grundschule aufgeführt worden war, handelte von Josefs und Marias biblischer Spiegelgeschichte: von Zacharias und Elisabeth. Denn schon lange bevor Bill Clinton und Jassir Arafat zum zweiten Mal die Treppen des Weißen Hauses hochstiegen, wimmelte es schon von Zwillingsereignissen.

Nach einem ausführlichen Vorsprechen bekam ich die Rolle des Zacharias. Ein Traum wurde wahr, endlich durfte ich auf die Bühne. Und es kam noch besser: Ich durfte ein Gewand anziehen, durfte strahlen. Ein neues Zeitalter wurde eingeläutet, ein Zeitalter, in dem ich gesehen wurde, in dem mein Talent bemerkt wurde, in dem an mich geglaubt wurde. Dieses Gefühl verpuffte, sobald ich das Skript las.

Zacharias war Priester und schon jahrelang mit Elisabeth, der Tante von Maria, verheiratet. Trotz ihrer Frömmigkeit hatte Gott ihre Ehe nicht mit Kindern gesegnet. Eines Tages erschien Zacharias im Tempel ein Engel. Derselbe Engel Gabriel, der auch Maria später über ihr bevorstehendes Los aufklären würde. (Gabriel muss der wohl schönste Name sein, der je einem Engel oder einem Menschen gegeben wurde.) In dem Tempel prophezeite Gabriel dem Priester, dass er und seine Frau einen Sohn bekämen und dass der Sohn der Wegbereiter für die Ankunft des Messias wäre. Zacharias war skeptisch. Zurecht, würde ich sagen. Der Priester und seine Frau waren schon betagt.

Der gute alte Zacharias bat den Engel Gabriel um einen Beweis. Das somit geäußerte Misstrauen wurde bestraft und der alte Mann verlor wie eine kleine Meerjungfrau avant la lettre die Fähigkeit zu sprechen. So poetisch dieses Ereignis auch sein mag, es führte dazu, dass meine Rolle zwar eine Hauptrolle war, aber eben eine mit besonders wenig Text. Erst am Ende der Geschichte wird der Fluch der Stummheit aufgehoben, als Zacharias dem Wunsch seiner Frau stattgibt, ihren unbefleckt empfangenen Sohn Johannes zu nennen. Dieser Johannes sollte zu Johannes dem Täufer heranwachsen, dem Mann, der Jesus Jahre später – ja, richtig – taufen sollte.

Es gibt ein Lied aus diesem verfluchten Musical, dessen erste Zeilen ich nie mehr vergessen werde. Zacharias und Elisabeth finden eine Schwangerschaft im hohen Alter äußerst bemerkenswert. Und der alte Zacharias konnte zwar nicht mehr sprechen, aber er konnte noch singen, denn schließlich führten wir ein Musical auf. Also sangen die beiden irgendwann in einer schlaflosen Nacht: »Mir schwindelt es so sehr, ich habe mit dem Schlaf gebrochen. Der Messias wird geboren, der Retter wurde uns versprochen.«

Ich schließe nicht aus, dass diese Worte hängengeblieben sind, weil ich schon in jungen Jahren unter Schlaflosigkeit litt.

Aber vielleicht ist es auch andersrum und dieser Anfangssatz ist ein Fluch, der mich schon seit Jahren fest im Griff hat.

\*

Die steinerne Fassade der Verkündigungsbasilika wirkte wie eine Ansammlung von farblich sortierten gelben und weniger gelben Zähnen. Der Boden um den Altar herum war mit der guten alten Schwammtechnik behandelt worden, genau wie ich das schon mal bei der Sendung *Eigenheim & Garten* gesehen hatte. Vor einer der vielen Marienstatuen blieb ich in meinem Diesel-Shirt stehen. Mir wurde klar, dass der kinderlose Mann und die kinderlose Frau, die meine Mutter aufgenommen hatten und meine Großeltern wurden, die wirklichen Josef und Maria waren, oder ihre Vorgäng\*erinnen Zacharias und Elisabeth. Auch sie erfuhren eine unbefleckte Empfängnis, auch sie mussten dem Wort Gottes vertrauen.

*

Ich war vierzehn, als meine Oma mir von der Angst erzählte, die sie hatte, als meine Mutter »kam«. Von den Männern, die ihr gesagt haben, was zu tun war, die ihr erzählt haben, dass meine Mutter sechs Wochen alt ist, die ihr nachdrücklich dazu rieten, meine Mutter geheim zu halten. Kein Mensch durfte von der Existenz des jüdischen Babys wissen, auch die Familie nicht. Das bedeutete, dass kein Fläschchen oder Babykleidung gekauft werden konnte, vor allem nicht im kleinen Dorf. Sie liehen sich die Sachen von einer Nachbarin. Die Nachbarin nickte, als die Frau, die meine Oma werden würde, sie fragte, ob sie sich eine Wiege und Strampler leihen dürfe. Das war ein wichtiges und großartiges Nicken, mit dem die Nachbarin versprach, keine Fragen zu stellen, den Mund zu halten und einen Schrank zu öffnen, in dem alte, aber noch gute Kinderkleidung lag.

Meine Oma erzählte mir von ihrem Gott, dem Gott, mit dem auch ich aufgewachsen bin. Er hatte ihr ein Zeichen gegeben, dass sie das Richtige tat, ihrem göttlichen Auftrag nachkam. Über die Art des Zeichens ließ sie nichts verlauten, aber ich wusste, dass Gott mittlerweile nicht mehr über Engel kommunizierte. Wenn Menschen ganz genau hinhörten, konnte er ein Gefühl, eine Flamme, in ihnen entzünden. Und das hatte er bei meiner Oma gemacht. Wie meine Oma hieß? Maria, Marietje, Marie van Buuren-Vreugdenhil, Ehefrau von Maarten van Buuren.

Ich mag Spiegelungen. Sie machen ein Ereignis zum Bestandteil einer Kette von Ereignissen und das Ereignis bekommt so eine größere Bedeutung, einen größeren Wahrheitsgehalt. Es sind Ereignisse, die für sich genommen simpel sind, aber mit einem neongelben, trostspendenden Textmarker unterstrichen werden, weil sie vom

Universum verdoppelt wurden. Was du erlebst, gehört zu einem größeren Ganzen, sagt der Marker.

Anderthalb Jahre nach dem Weihnachtsmusical führte meine Klasse ein Abschlussmusical auf. Diesmal war die Geschichte nicht christlich und meine Rolle war beleidigend unwichtig. Mein eingebildetes Talent blieb ungenutzt, weil ich dazu gezwungen war, meine Fast-Hauptrolle, die ganze achtzehn Monate zurücklag, zu kompensieren. Scheiß auf die Schule, scheiß auf die faire Rollenverteilung bei Musicals. Ich war so viel besser auf der Bühne als der Trottel, der da am Ende mit dem Mikrofon herumstümperte, so kurz vor dem Wechsel zur weiterführenden Schule. Er wusste das Gottesgeschenk, das ihm gegönnt war, nicht zu schätzen, machte einfach irgendwas, sang falsch, weigerte sich, seine Sätze richtig aufzusagen und konnte die Liebe für sein Gegenüber nicht rüberbringen, obwohl das Mädchen im echten, todlangweiligen Schulalltag sogar seine Freundin war.

Eine halbe Stunde nachdem das katastrophale Abschlussmusical mit einem grausigen Abschlusslied sein Ende fand, wurden meine Mitschül*erinnen und ich von unseren Lehr*erinnen verabschiedet. Über jedes Kind wurden ein paar Sätze gesagt. Meinen Lehrer*innen zufolge besaß ich ein Herz aus Gold. Diese Botschaft, vom Schuldirektor verkündet, rührte meinen Vater so sehr, dass er sie nie vergessen hat. Er brachte mein Herz aus Gold nicht nur im römischen Amphitheater zur Sprache, sondern noch viel öfter, und jedes Mal, wenn mich ein Echo dieses alten Kompliments erreichte, stimmte es mich unzufriedener. Weil ich dieses Herz aus Gold mittlerweile nicht mehr besaß – dieses vergoldete Organ war meiner Meinung nach nur meinem jüngeren Ich vergönnt gewesen. Ich hatte es verloren. Nicht, weil mich die Jahre verbittert hatten, sondern weil die oberflächliche Freundlichkeit, die ich immer an den Tag legte, nur dazu diente, mich anzupassen und alle anderen zufriedenzustellen.

Mein Herz aus Gold, das spürte ich schon damals, war das Produkt billiger Gefallsucht. Etwas, das ich mir im Laufe der Jahre bewusst abgewöhnt habe, um es durch echte Freundlichkeit zu ersetzen, aber ich glaube, diese Entscheidung hat mich für die Außenwelt doch zu einem weniger freundlichen Menschen gemacht. Heucheln konnte ich viel besser.

*

Auch in Israel war ich damit beschäftigt, es anderen recht zu machen, zum Beispiel während der Mittagspause. Von der Verkündigungsbasilika zum nahegelegenen Café trug ich die Tasche der Frau, die einen Tag zuvor wie eine Besessene versucht hatte, den Tisch zu säubern. Sie bat mich mit ihrer tiefen Stimme darum, und bevor ich überhaupt antworten konnte, hatte sie schon ihre Kipling-Tasche über meine schmale Schulter gehängt. Leute bitten mich immer um solche Gefallen, weil sie merken, dass die Tür einen Spalt breit geöffnet ist, dass es da eine Schwäche gibt.

Die Tasche stellte ich auf einen der Gartenstühle, mein Magen reagierte schon auf das Grillfleisch, das auf dem Gartentisch dampfte. Ich reichte der Frau neben mir einen Teller und sorgte dafür, dass alle Besteck hatten. Wenn Leute hinter mir vorbeigingen, konnte ich den Impuls nicht unterdrücken, meinen Stuhl Richtung Tisch zu rücken, auch wenn es mehr als genug Platz gab. Ich bedankte mich beim Kellner mit einem der wenigen hebräischen Worte, die ich kannte. Ich nahm mir nicht zu viele Pommes, auch wenn ich außer den Pommes eigentlich nichts mochte. Ich achtete darauf, dass der Tisch um meinen Teller herum sauber blieb. Ich schmatzte nicht zu viel. Ich lehnte mich zurück, wenn die Leute, die neben mir saßen, miteinander reden wollten. Nach dem Essen holte ich für meinen Vater und Merels Vater Kaffee. Mein vorbildliches Verhalten hatte einen positiven Effekt, die Reisegruppe mochte mich. Die Frau, deren Tasche ich getragen hatte, nannte mich einen »unglaublich braven Jungen«, als wäre ich ein Hund.

*

Wegen dieser selbst zugewiesenen Rolle verachte ich rebellische Kinder und bin gleichzeitig eifersüchtig auf sie. Weil ich meinen Impulsen nie genügend Raum gegeben habe, wird bei mir ein enormer Widerstand geweckt, wenn andere sich diesen Raum nehmen. Im Supermarkt muss ich in einen anderen Gang flüchten, wenn ein Kind plärrend nach Schokocreme, Kinderwurst oder Mäusespeck verlangt.

Auch bei der Katechese, zu der ich als Grundschulkind jeden Mittwochnachmittag ging, war die Gefallsucht meine zweite Natur. In der Jesusklasse gab es ein Heft, das jede Woche weitergegeben wurde. Reihum mussten die Kinder es mit nach Hause nehmen und eine Seite gestalten. Es war eine Art Poesiealbum für Gott. Ich war eines der ersten Kinder, das es mit nach Hause nehmen durfte. Nur vier Seiten waren schon beschriftet. Darauf klebten Glitzerbildchen, neben denen in stilsicheren Handschriften Bibelzitate standen, die verrieten, dass Mütter oder Väter geholfen hatten. Auch in jener Woche schlich ich auf der Suche nach brauchbarem Material durchs Haus, auch in jener Woche fand ich nichts. Zum Glück übernachtete die Freundin von dem Bruder, der fortging, an dem Wochenende bei ihm, und so konnte ich für die Jesusklasse eine Glitzermascara von Miss Sporty aus ihrem Kulturbeutel fischen.

In meinem hellblauen Zimmer saß ich vor der leeren Seite, die Mascara im Anschlag. Ich hatte keinen blassen Schimmer, was ich in dieses Heft schreiben sollte, schaute aus dem Fenster, über den kleinen Hof mit den Garagen von den Nachbar*innen. Ich schaltete das Radio an, setzte mich an den Schreibtisch. Etwas, das größer war als ich (nein, nicht Gott), entschied sich dazu, mit der Mascara ein »I« auf das Papier zu malen. Schräg darunter das Wort »love«. Und schräg darunter in klecksigen Glitzerbuchstaben »the lord«. Und so stand da:

I
love
the lord

Ich fühlte mich deswegen sofort schlecht und versuchte, die Seite auszureißen, aber ich merkte, wie bei dem Versuch auch andere Seiten einrissen. Auf den frischen Riss schmierte ich noch mehr Glitzer, in der Hoffnung, das Papier kleben zu können. Auch das bereute ich sofort. In meiner Verzweiflung klappte ich das Heft zu, wodurch die Glitzermascara auf die nächste Seite lief.

Ich wollte es so gerne richtig machen und hatte deswegen den naheliegendsten, am wenigsten anstößigen Text ausgewählt. Ein Statement, gegen das keine Person etwas einwenden konnte, jedenfalls keine von der Katechese. Am nächsten Tag gab ich das Heft nicht einer der Ponyträgerinnen, sondern legte es in den Schrank.

Manche Menschen, nein, bei Weitem die meisten Menschen, kommen unfreundlich zur Welt. Damit meine ich unhöflich, gleichgültig. Dieser Zustand gehört zur Kindheit. Wenn Menschen von einer unbeschwerten Kindheit sprechen, meinen sie, dass Kinder sich keine

Sorgen über mögliche Konsequenzen machen müssen. Sie können unverschämt sein, ohne die Folgen zu fürchten. Sie können auf einen Baum klettern, ohne Angst vor einem Sturz zu haben. Sie schlagen, treten, sie schreien und lärmen. Später lernen sogar die gröbsten Kinder, sich zu benehmen.

Bei mir vollzog sich dieser Prozess in umgekehrter Reihenfolge. Ich bin noch nie auf einen Baum geklettert, wüsste nicht einmal, wie das geht. Ich war ein liebes, höfliches und freundliches Kind, und zwar so sehr, dass manche Erwachsenen sich dazu genötigt sahen, mich vor der grausamen echten Welt zu warnen, die mir bevorstand. Dabei war ich doch schon so besorgt.

Ich hatte mich meine ganze Jugend über in ein selbst auferlegtes Korsett der Freundlichkeit gezwängt und musste lernen, es abzuschütteln, muss das noch immer lernen. Ich legte erwünschtes Verhalten an den Tag, reservierte für die Außenwelt eine Schicht der Freundlichkeit, konnte meine Innenwelt ausgezeichnet verbergen, und kann es immer noch. Ich hatte mir einen Muskel antrainiert, der stark blieb und mich bei anderen schnell beliebt machte.

Vor nicht allzu langer Zeit, bei einem Aufnahmegespräch für eine Therapie, sagte mir ein Therapeut, dass dieser Mechanismus die Folge von Parentifizierung sei. Das passiert, wenn ein aufwachsendes Kind über einen längeren Zeitraum hinweg die Rolle eines Elternteils übernimmt. Unter optimalen Bedingungen geben die Eltern und das Kind empfängt. Die Eltern sorgen für das Kind und das Kind lässt für sich sorgen.

Unter optimalen Bedingungen hätte meine Mutter mir die Welt gezeigt und mir dabei meine Ängste genommen: »Das hier ist ein Flugzeug, und nein, das ist nicht gruselig. Das kann gar nicht einfach so abstürzen.« Stattdessen zerquetschte meine Mutter meine Hand, sobald wir abhoben, und flehte Mutter Maria an, was gleichermaßen besorgniserregend und witzig war, weil meine Oma wirklich Maria hieß. Sie schrie und stöhnte, während alle anderen Passagiere ruhig waren. Manche lachten. Über meine Mutter. Mir war die ganze Zeit über heiß und ich spürte, wie meine Hand in ihrer immer weniger Platz hatte.

Unter optimalen Bedingungen hätte meine Mutter mir erzählt, dass unter meinem Bett keine Monster lebten, dass unser Haus nicht einfach so von einem Mörder ohne Gesicht betreten werden konnte, nicht zuletzt, weil jeder Mensch ein Gesicht hat. »Das hier ist dein Schlafzimmer, das hier ist unser sicheres Haus, hier musst du keine Angst haben. Wir sind bei dir.« Diese Worte sollte ich nie zu hören bekommen, weil ich meiner Mutter nicht von meinen Ängsten erzählte. Stattdessen erzählte sie mir von ihren Ängsten.

Sie sagte: Ich kann wegen meines Handicaps nicht allein sein. Ihr Handicap war eine Hinterlassenschaft des Kriegs, das wusste ich. Meine Mutter verwies nahezu täglich darauf. Wenn sie mich fragte, ob ich abends wach bleiben konnte, bis sie wieder zu Hause war, wenn sie mir erklärte, warum sie nicht in einem Saal sitzen wollte und wenn sie mich dazu überredete, mit zum Kosmetiksalon zu fahren. Dort sog ich den Duft von teuren Cremes ein und starrte die marienkäferförmigen Make-up-Döschen an, die wir zu Hause »Kapaunchen« nannten. Dort beobachtete ich meine Mutter, die unter einem Handtuch aufgebahrt war, während sich eine Frau mit tiefer Stimme ihr Gesicht vornahm und später geduldig den Nagellack entfernte und neuen auftrug. Ich konnte es kaum erwarten, selbst auf der Liege zu liegen und zu spüren, wie meine Haut unter den aufmerksamen Händen der Kosmetikerin nachgeben würde, um danach umwerfend strahlend auszusehen.

Unter optimalen Bedingungen hätte meine Mutter mich nicht in diesem Ausmaß gebraucht. Wäre selbstständig, frei und unbesorgt gewesen. Stattdessen bat sie mich in Restaurants darum, mit zur Toilette zu gehen, um vor der Tür, deren Schloss kaputt war, Wache zu halten, weil die Toilette, genau wie der zuvor genannte Saal und das Flugzeug, ein beklommenes Gefühl in ihr auslösten.

Statt mir meine Ängste zu nehmen, zeigte mir meine Mutter Ängste an Orten, wo ich sie nicht vermutet hatte.

Schau mal, sagte meine Mutter, ohne es zu sagen, wie unheimlich es allein in einem geschlossenen Raum ist, wenn keine anderen Leute in der Nähe sind.

Schau mal, sagte meine Mutter, ohne es zu sagen, wie beängstigend es ist, allein zu sein, wie lange der Tag dann dauert, wie nervenaufreibend eine Autofahrt ist, wenn man niemanden zum Reden hat.

Das waren keine optimalen Bedingungen. Aber das Leben meiner Mutter war auch nicht optimal verlaufen.

Parentifizierung lässt ein Kind zusammenschrumpfen, lässt es seine eigenen Bedürfnisse vergessen, die eigenen Grenzen. Ich war für meine Mutter verantwortlich und das erfüllte mich mit Stolz, und es drängte mich in die Rolle der »stärkeren« Person. Ich wurde das Kind, um das sich meine Eltern keine Sorgen machen mussten. Ich wusste, dass das Leben meiner Mutter genug Probleme aufgehalst hatte, ich wollte nicht noch mehr Probleme schaffen, im Gegenteil, ich würde die Probleme lösen.

Weil ich der Jüngste bin, konnte ich den Staffelstab nicht an das nächste Geschwisterkind weitergeben. Ja, meine Brüder lösten mich manchmal ab oder sprangen für mich ein, aber ich hatte das Gefühl, der wichtigste Gefährte für meine Mutter zu sein. Ich ging davon aus, dass meine Brüder diese Rolle übernommen hatten, als sie die

Jüngsten waren, und es war nun einmal so, dass ich der Jüngste bleiben würde.

Vielleicht haben meine Brüder auch das Gefühl gehabt, dass sie diejenigen waren, die meiner Mutter besonders viel beigestanden haben. Vielleicht ist es wie beim Abwasch: Alle Familienangehörigen sind fest davon überzeugt, dass gerade sie den Löwenanteil übernehmen. Aber vielleicht ist dieser Gedanke auch eine Folge der Parentifizierung: Die ist erst perfekt, wenn das Kind denkt, es sei für das Wohlsein eines Elternteils oder beider Eltern unentbehrlich.

*

Ich war dünn, als ich in Israel war, mein Körperbau war schmächtig. Aus den Ärmeln meines orangen Diesel-Shirts, das mich mit so viel Stolz erfüllte, ragten meine Streichholzärmchen hervor, für die ich mich schämte. Mein Kopf war zu groß für meinen Hals, mein Rücken war krumm. Ich war ein mageres, mausartiges Kind, das kaum etwas aß. Vor den meisten Männern hatte ich Angst, zum Glück war Merel meine Verbündete auf Zeit.

Am zweiten Tag half sie mir auf der Busfahrt dabei, eine eigene Unterschrift zu entwickeln. Merel fand, es war an der Zeit, dass ich ein unverwüstliches Autogramm entwarf, und klappte die Ablage am Vordersitz runter. Das Plastik war von Kaffeerändern übersät. Auch Merel schleppte ein Tagebuch mit sich herum, eine Seite opferte sie meinen Unterschriftsentwürfen. Ihr glattes Haar bewegte sich mit den Kurven auf der Strecke mit. Ich bekam Druck auf den Ohren.

Der Bus fuhr von Nazareth in Richtung Tiberias, wie erhofft von einer zur nächsten Bibelgeschichte. Der Reiseleiter stand mit einem mehr schlecht als recht funktionierenden Mikrofon vorne im Gang.

Er erzählte, der See Genezareth sei Israels Wasserspeicher, und beließ es dabei. Was bedeutete, dass er mein Interesse wieder nicht wecken konnte.

Ich starrte auf die Hügel und bemerkte, wie sich dieses Land von allen Ländern unterschied, die ich bisher gesehen hatte. Das hier war nicht Europa. Die Farben der Bäume, der Schafe und der Erde waren matter. Ich sah weiße Häuser und wollte wissen, was sich in diesen Häusern zutrug. Ich sah spielende Kinder, die mich aus irgendeinem Grund beeindruckten. Hier fing der Rest der Welt an, das Unbegreifliche, das Wunderbare.

\*

Ich war nicht der Einzige in der Familie, auf den das Land eine starke Anziehungskraft ausübte. Ohne uns nach Tipps zu fragen, ging der Bruder, der fortgehen würde, zwei Jahre nach unserer Reise auch nach Israel, um dort in einem Kibbuz zu arbeiten. Nach der Zeit im Sanatorium fand er es schwierig, wieder in seinem Elternhaus zu leben, also ging er auf Reisen.

Im Kibbuz schuftete er jeden Tag auf dem Land, verliebte sich in die einfache Befriedigung, die auf die tägliche Arbeit folgt, und in Moran, ein Mädchen mit langen, dunkelbraunen Haaren, das ihn vergötterte, so wie viele aus dem Dorf ihn vergötterten.

In Israel rieten die Leute dem Bruder, der fortgehen würde, nach Indien zu reisen. Indien ist das angesagteste Reiseziel für junge israelische Menschen, die noch einmal rauskommen wollen, bevor sie den verpflichtenden Wehrdienst leisten müssen, und fungiert zusätzlich als Zufluchtsort für ehemalige Soldat\*innen, die ihre wiedergewonnene Freiheit feiern. In dem Bruder, der fortgehen würde, brodelte eine Unruhe und deshalb folgte er dem Reisetipp.

Vielleicht ging es ihm auch um die Freiheit. Oder es war die Sehnsucht nach einem anderen Leben. Oder aber er wollte einfach nur herausfinden, was für ein Mensch er ohne seine Familie war. Jedenfalls ging er, ohne Moran.

Kinder von Holocaust-Opfern werden auch Holocaust-Nachfolgegeneration genannt. Diese Generation teilt das Problem, dass ihre Eltern, die Opfer, nicht über ihre Traumata reden.

»Viel musste ich selbst rekonstruieren. Auch über meine Eltern. Es ist bekannt, dass Menschen, die den Krieg miterlebt haben, nicht viel über ihre Vergangenheit erzählen«, sagt Ischa Meijer in einer Dokumentation von Monique Nolte. »Alle Menschen, über die sie dann sprechen müssten, sind nämlich tot, ermordet, verschwunden. Als ich meinen Vater einmal gefragt habe, wie viele Schwestern er hatte, brach er in Tränen aus und sagte: ›Das ist eine unverschämte Frage, so was kannst du mich nicht fragen‹.«

Bei meiner Mutter und mir war das anders. Sie war mir sehr nahe. Ihr Körper war in der Nähe meines Körpers und meine Mutter verschwieg ihre Vergangenheit nicht, sie machte sich in seltenen Momenten verletzlich und erzählte. Das geschah ohne Ankündigung und nur dann, wenn sie es selbst wollte. Sobald ich mich aufgerichtet hatte, um besser zuzuhören und angemessen zu reagieren, war der Moment schon wieder vorbei und ich blieb im Schatten ihres Kummers zurück und wunderte mich über die spärlichen Informationen, die sie mir gegeben hatte. Diese kurzen Ergüsse waren Talfahrten, die nicht zu lange dauern durften, weil meine Mutter sich danach wieder nach oben kämpfen musste.

»Vielleicht lasse ich es nicht zu«, sagt meine Mutter hin und wieder mit einer Spur von Schuldgefühl, aber ich denke, es ist ein

Abstand, der nicht zu oft überbrückt werden darf, damit sie auf der Seite der Lebenden bleiben kann.

Im Gegensatz zu ihrem großen Kummer war das selbsternannte Handicap meiner Mutter allgegenwärtig. Immer in der Nähe, wie ein zusätzliches Familienmitglied: Das Handicap hatte einen Stuhl am Esstisch, ein Bett und ein eigenes Schlafzimmer. Es kam jedes Mal zur Sprache, wenn meine Mutter auf ein Hindernis stieß, wenn sie sich dazu gezwungen sah zu erklären, woher ihr Unvermögen kam.

Und dadurch war die Shoah immer anwesend. Stammbäume und ein klar umrissener Zeitstrahl wurden nicht berücksichtigt, aber das lähmende Echo des Krieges war nie weit entfernt.

»Wir sind eine Generation, die ihren Eltern alles recht machen musste. Das war unser Auftrag, unser ungeschriebener Auftrag«, sagt Meijer später in demselben Gespräch. Danach führt er seinen Unterarm zur Nase und knabbert ein bisschen daran, was ziemlich sexy aussieht. Auch im Gedicht *Victorieplein* nennt er sich selbst »einen kleinen Jungen, der alles wieder gutmachen würde«.

Ischa Meijer wurde genau wie meine Mutter 1943 geboren. Die Menschen erklärten seine Eltern für verrückt, weil sie seine Geburt nicht verhindert hatten. Damals war es sehr einfach, ein jüdisches Kind abzutreiben, schreibt Ischa in *Brief an meine Mutter.*

Trotzdem wurden sowohl Ischa als auch meine Mutter geboren. Und genau wie es bei meiner Mutter gewesen war, hatten auch Ischas Eltern einen Plan geschmiedet, damit er verschont bliebe. Und genau wie bei meiner Mutter ging der Plan schief.

Das Baby, das Ischa Meijer damals noch war, sollte zu einer Freundin kommen, aber die Freundin bekam nach der Übergabe Panik und kurz darauf sah Ischas Mutter ihr nacktes Kind auf der Straße liegen – auf dem nackten Bauch stand der Stiefel eines Nazis.

Seine Mutter bekam ihn zurück und nahm ihn mit. Ins Konzentrationslager.

In der Woche in Israel dachte ich selten an meine Mutter. Ich gab mich dem Schaukeln des Busses hin, der neuen Umgebung, der Gesellschaft von meinem Vater und Merel. Ich fragte mich nicht einmal, welcher meiner Brüder mit ihr zum Supermarkt fahren würde, welcher zum Frisiersalon oder zu Freundinnen mitginge, welcher zur Belohnung eine Fleischkrokette bekäme.

In einer sechsköpfigen Familie ist die Isolation eher die Ausnahme als die Regel. Bei vier Kindern war die Chance groß, dass einer von uns verfügbar war, zu Hause blieb, Zeit hatte, um mit in die Praxis zu gehen. Die vielen kurzen Autofahrten waren großartig. Im Seitenspiegel sang ich zum Autoradio Playback, während meine Mutter durch das Dorf und die nächste Stadt sauste. In den Momenten war alles in Ordnung, vor allem im Winter, wenn das Lenkrad und das Handschuhfach von einer dicken Puderzuckerschicht überzogen waren, weil meine Mutter keine Gelegenheit ausließ, zwei Tüten Krapfen zu kaufen. Eine für zu Hause und eine für unterwegs. Im Sommer rauchte meine Mutter, blies den Qualm aus dem Fenster, und ich war ganz beeindruckt von ihr.

Essen war immer die Belohnung, wenn von einer Belohnung die Rede sein kann. War unsere gemeinsame Zeit zu Ende, fragte mich meine Mutter, ob ich Lust auf Pommes, ein frittiertes Käsesoufflé oder eine Schawarma-Tasche hätte. Ich sagte längst nicht immer Ja und dadurch war die traditionelle Rollenverteilung zwischen Elternteil und Kind umgekehrt, aber gut, das passierte bei uns beiden öfter.

Diese Umkehrung fand auch dann statt, wenn meine Mutter mich morgens an Schultagen fragte, ob ich zu Hause bleiben wollte. Bejahte ich, meldete sie mich krank. Diesem illegalen Schulversäumnis stimmte ich eigentlich immer zu, weil mir die Schule wie ein Gebäude voller Ablehnung vorkam und weil ich unglaublich gerne Zeit mit meiner Mutter verbrachte. Die schullosen Tage vergingen wie im Fluge und waren erfüllt von Besuchen bei Freundinnen, Ausflügen zum Supermarkt, Kuchenbacken und Kochen. An diesen Tagen fühlte es sich so an, als würden meine Mutter und ich uns zusammen dem System widersetzen, als würden wir jedes Mal einen Tag lang einer Welt entkommen, zu der wir beide nicht passten. Meine Mutter und ich waren frei, wir brauchten nur Benzin, ein bisschen Geld für Snacks und ein funktionstüchtiges Autoradio.

*

Von den eigenen Eltern entgegengebrachte Wertschätzung ist ein unentbehrlicher Baustein. Einen Teil dieser Wertschätzung erfährt der Mensch für seine Persönlichkeit. Weil die Person lieb ist, klug, schlagfertig, lustig, athletisch, kreativ. Aber einen anderen Teil der Wertschätzung erfahren wir nicht für unsere Persönlichkeit, sondern für unserer Handlungen. Es ist das Schulterklopfen oder der Euro, den das Kind für das Zimmeraufräumen bekommt, das Kompliment für die Eins auf dem Zeugnis, oder weil es den bereits erwähnten Abwasch erledigt hat.

Im besten Fall gibt es eine gesunde Balance zwischen der Wertschätzung, die in der Jugend für die eigene Persönlichkeit erfahren wird, und der Wertschätzung, die für die Handlungen erfahren wird. Die erste Kategorie sollte überwiegen, denn der Mensch trägt Charakterzüge, die Kerneigenschaften, das ganze Leben mit sich mit, ohne sich dafür anstrengen zu müssen. Darauf ist Verlass. Die Bestätigung dieser Qualitäten führt zu einem nachhaltig positiven Selbstbild. Im Falle von Parentifizierung überwiegt die ausgesprochene oder unausgesprochene Wertschätzung für die Handlungen. Das heißt, das Kind muss sein Bestes geben, um die Liebe zu verdienen.

Und deshalb trug ich in Israel das Gepäck der anderen, holte Kaffee und Saft, räumte Tische ab, war höflich und stellte nicht zu viele Fragen. Trotzdem spürte ich in jener Woche, dass es für mich mehr Raum gab, und so löste ich mich jeden Tag ein kleines Bisschen mehr von meinem selbstgemachten Korsett aus Höflichkeit und Vorsicht. Wahrscheinlich dachte ich kaum an meine Mutter, weil mein Leben in ihrer Nähe so anders war.

In Israel durfte ich abends bei den Erwachsenen sitzen und mich an Gesprächen über Sachen beteiligen, von denen ich keine Ahnung hatte. Ich durfte einen Schluck Wein trinken, mit Merel Airhockey spielen und mir mit einem Handtuch um die Hüften auf dem Hotelbett unverständliche Fernsehprogramme anschauen.

*

An den Abenden, die ich in Maasland verbrachte, schnappte sich meine Mutter nach dem Abendessen ihre goldene Lacktasche und stieg ins Auto der Person, mit der sie Bridge spielte (die sie alle paar Jahre austauschte), und fuhr zu einem der Säle, wo sie stundenlang Karten spielte. Eine Jacke trug und trägt sie selten. Vielleicht fühlt sie sich auch darin eingesperrt. Sie schrieb die Telefonnummer des Vereins auf einen aufgerissenen Briefumschlag. Wenn ich die Nummer eingab und nach meiner Mutter fragte, hörte ich, wie ihr Name durch den Saal schallte. Auch, wenn sie in einem der Säle zum ersten Mal Karten spielte, kannten alle ihren Namen. Meine Mutter hat diese Fertigkeit perfektioniert: Innerhalb kürzester Zeit kennen sie alle, sie kann auffallen (nicht zuletzt wegen ihrer Kleidung und der Haarfarbe), Menschen für sich einnehmen, im Fitnessstudio quatschen, in der Warteschlange Freund*innenschaften schließen. Sie sucht immer nach Verbündeten, nach Halt in einer bedrohlichen Welt.

Für die Bridge-Abende, die ungefähr viermal pro Woche stattfanden, gab es die stillschweigende Übereinkunft, dass ich zu Hause aufblieb und so lange auf dem turnhallengrünen Sofa sitzen blieb, bis das Bridge-Auto zurückkam. Meine Mutter stieg aus, ihre gefärbten Haare erschienen unter der Lampe über der Hintertür und sobald sie die Tür geöffnet hatte, fragte sie mich, ob ich eine Fleischkrokette wolle.

*

Während unserer sechstägigen Rundreise haben mein Vater und ich nur einmal zu Hause angerufen. Wir standen in einer Hotellobby, wo die Fliesen nicht nur den Boden, sondern auch einen Teil der Wände bedeckten. Der Bus war – wie das Programm versprochen hatte – nach Tiberias gefahren. Merel und ich hatten an jenem Mittag die ultimative Unterschrift gefunden, die ich schon am nächsten Tag vergessen haben würde. Bei der Ankunft im Hotel gab es israelische Datteln, die an meinem Gaumen kleben blieben und einen metallischen Geschmack zurückließen. Tagsüber war mein geliebtes Diesel-Shirt dreckig geworden. Merel trug ein Spaghetti-Top und ich versuchte mir vorzustellen, wie es sich auf meiner Haut anfühlen würde. Ihre Kleidung war, genau wie ihre Haut, die Zähne, die Haare, makellos.

Ich stand neben meinem Vater und sog den Geruch des kosche-ren Weins ein, den er gerade getrunken hatte. Der Hörer des Hoteltelefons klemmte zwischen unseren Köpfen. Ich stellte mir vor, wie zu Hause alle Telefone klingelten. Meine Mutter nahm den Hörer

ab, sie wollte gerade in die Badewanne, ich wusste nicht so recht,
was ich sagen sollte, aber das wusste ich in dem Alter eigentlich nie.

*

Als der Bruder, der fortgehen würde, zwei Jahre später im israelischen
Kibbuz arbeitete, rief er uns auch nur selten an. Er schrieb öfter
Briefe, die er mit Sam unterzeichnete, dem Namen des Onkels, von
dem er seinen zweiten Namen hatte, Salomon. Auch aus Indien
schickte er Briefe, und manchmal rief er an.

Wir waren die erste Familie im ganzen Umkreis, die eine Ruf-
nummernanzeige bekam. Jedenfalls fühlte es sich so an. Technologie
kümmerte uns nicht, wir hielten es bis weit in die neunziger Jahre
hinein mit einem Schwarz-Weiß-Fernseher aus. Eine Rufnummern-
anzeige (es war ein zusätzliches Gerät) schafften wir uns an, damit
wir, auch wenn wir nicht zu Hause waren, wussten, dass der Bruder,
der fortging, Kontakt aufgenommen hatte.

Nach ein paar Monaten in Indien rief der Bruder, der fortging,
nicht mehr an. Zum Geburtstag (März 1999) des Bruders, der blieb,
kam eine Karte, keine Briefe zu den Geburtstagen meiner Eltern
(April 1999), keine Post an dem Tag, an dem ich fünfzehn Jahre alt
wurde (Mai 1999).

Mein Vater suchte ihn zusammen mit seinem besten Freund
Egbert, aber fand ihn nicht. Er blieb monatelang weg, hing Flugblätter
auf, die kurz danach abgerissen wurden, damit der Tourismus nicht
unter dem Verschwinden meines Bruders litt. Mein Vater war im
Fernsehen, auf dem Bildschirm erschien das Foto meines Bruders,
das auch auf den Flugblättern abgebildet war. Ein Foto, auf dem er
lacht. Mein Vater sprach mit jeder Person, mit der er sprechen konnte, tat alles in seiner Macht Stehende, aber es half nicht. Ein anderer

Vater kehrte zurück. Ein gebrochener, in sich gekehrter Mann, der Menschen nicht mehr in die Augen sah.

Ohne es auszusprechen, vereinbarten wir etwas. Wir würden niemals umziehen, niemals unsere Telefonnummer ändern. Das Doppelhaus mit der Nummer 3 musste der Ort bleiben, an den der Bruder, der fortging, zurückkehren konnte.

Genauso, wie ich vor ersten Dates immer hoffe, die Shoah unerwähnt lassen zu können, versuche ich, die Geschichte meines Bruders, der fortging, zu verschweigen. Auch das gelingt mir nie. Mein ältester Bruder drängt sich, ohne anwesend zu sein, immer in jedes Gespräch, so wie er auch jetzt wieder in dieser Geschichte auftaucht.

Bei unserem ersten Date erzählte ich meinem aktuellen Freund von dem Bruder, der fortging. Und ich erzählte von Indien, obwohl ich meinen Bruder nicht mit diesem Ort verbinde, genauso, wie ich meine Vorfahr*innen nicht mit Sobibor verbinde. Sie haben schließlich nie um diesen Ort gebeten. Mein Freund stellte eine einzige, einfache, aber herzgewinnende Frage. Eine Frage, die mir noch nie gestellt worden war, obwohl sie so naheliegend ist: Wie heißt dein Bruder? (Und nicht: Wie hieß dein Bruder?)

Ich nannte seinen und den Namen des Pflegevaters meiner Mutter: »Maarten«. Und ich betrank mich, verliebte mich, und alles wurde gut.

Lange, bevor alles gut wurde, oder auch nicht, war ich fünfzehn und mein Vater kehrte aus Indien zurück. Wir aßen immer noch um halb sechs Abendbrot. Meine Mutter konnte immer noch gut kochen und war immer noch lebhaft. Wir vermuteten, dass sie durch all das Leid in ihrer frühen Kindheit gegen diesen neuen Kummer gewappnet war.

Vor den dreckigen Tellern wurde nicht länger die Kinderbibel gelesen, weil wir dafür zu alt waren, oder wir waren davon befreit, oder mein Vater war vom Glauben abgefallen. Es wurde immer noch gebetet, meistens sprach meine Mutter das Gebet, in das jetzt jeden Abend der Name des Bruders, der fortging, aufgenommen wurde.

Mein Vater hörte auf zu arbeiten. Er fuhr nicht mehr mit dem Zug nach Amsterdam, sondern blieb zu Hause. Seine Kartenspielfreunde sah er nie wieder.

Weil mein Bruder um die ganze Welt gereist war, bevor er verschwand, waren wir an seine Abwesenheit gewöhnt. Wenn es einen Zeitpunkt gab, der uns aus der Bahn warf, dann war das die Rückkehr meines Vaters. Der Schmerz war wie ein ekliger Gestank, der anfangs noch ignoriert werden kann, aber nach einiger Zeit unerträglich wird. Und für jeden von uns wurde der Gestank zu einem anderen Zeitpunkt ekelerregend, und deshalb wurde jedes Familienmitglied zu unterschiedlichen Tageszeiten aus dem Haus getrieben, bis der Gestank unser System verlassen hatte und wir das Haus wieder ertragen konnten. Meine Mutter spielte Karten, mein Vater ging spazieren, der Bruder, der es auch spürte, versteckte sich bei seiner Freundin, der Bruder, der blieb, trank, ich arbeitete.

Ich hatte damals zwei Nebenjobs. Montagabends und samstags stand ich an der Fleischtheke des örtlichen Albert Heijns, über dem mein Vater und der Bruder, der fortging, gewohnt hatten. In einer weißen Schürze bereitete ich im Kältenebel der Vitrinen große Schalen mit Tartar zu. Sonntags zapfte ich in einer nahegelegenen Kneipe für die lokalen Alkoholabhängigen Bier, immer nur in Stangen, nie in Humpen.

Ich war kein fleißiger Schüler mehr, hatte meine Ruhe verloren, konnte nicht lange stillsitzen und ein Buch lesen, in dem mir Theorien und Berechnungen erläutert wurden. Ich konnte überhaupt nicht mehr stillsitzen, wollte nicht mit meinen Gedanken allein sein. Nach nicht allzu langer Zeit musste ich vom Gymnasium zur Realschule wechseln, ich landete in einer fremden Klasse, wo ich einfach wiederkäuen konnte, was ich in besseren Zeiten schon gelernt hatte.

Unser Haus wurde von stinkender Trauer erfüllt, ließ wenig Raum für andere Emotionen. Ich habe nie pubertiert. Jetzt, da sich das Leben gegen sie gewandt hatte, war es unmöglich, mich gegen meine Eltern aufzulehnen. Ihnen blieb nichts erspart, also dachte ich mir, es wäre besser, meine Pubertät einfach zu überspringen.

Ich wusste, dass jede Familie ihren eigenen Kummer kannte. Aber mich frustrierte damals, dass wir auch schon vor dem Verschwinden meines Bruders mit Kummer zu kämpfen hatten. Unser Haus hatte schon ein Kreuz zu tragen. Ich fand es unfair, dass noch mehr Unheil über uns kam, und ich wurde den Gedanken nicht los, dass unsere Familie verflucht war, dass wir nicht existieren durften, dass es Kräfte gab, die keine Ruhe geben würden, bis wir alle verschwunden waren. Meine nächtlichen Visionen waren gar nicht so abwegig, die Zersetzung war in vollem Gange.

\*

Drei Jahre zuvor hatte unsere Familie nur mit einem Schicksalsschlag zu kämpfen, dessen Ausmaße ich noch nicht ganz erfassen konnte. Drei Jahre früher stieg ich aus dem Bus, wieder mit der Kipling-Tasche der Frau über der Schulter. Drei Jahre früher wusste ich, dass sich die Zersetzung, die ich jede Nacht in meinem Kopf abspulte, wieder in einem neuen israelischen Hotelzimmer vollziehen würde.

In diesem Zimmer kletterte der beige Teppich ein Stück an der Wand hoch. Jüd\*innen waren vielleicht von Gott auserwählt, aber mir dämmerte langsam, dass sie nichts von stilvollen Einrichtungen verstanden.

Der Mini-Kühlschrank war abgeschaltet, vor dem Fenster gab es keinen Balkon. Unter einem Wandspiegel stand ein kleiner Schreibtisch ohne Telefon. Das Zimmer befand sich am Ende des Flurs, das war von Vorteil. Das bedeutete, dass der Mann ohne Gesicht höchstwahrscheinlich nicht an unserem Bett stehen würde. Tiberias sah vom Fenster aus nicht sehr magisch aus, obwohl ich wusste, dass es der Schauplatz des ein oder anderen Wunders gewesen war.

Der Bibel zufolge ist Jesus über den See Genezareth gelaufen. Und als es zu wenig zu essen gab, sorgte er dafür, dass sich das Brot unendliche Male teilte, der Fisch sich vermehrte und der Wein unerschöpflich war. In der Realität fuhr ein kleines Boot über die rosafarbene Wasseroberfläche des Sees und um die Lebensmittelversorgung von Tiberias war es deutlich weniger glamourös bestellt.

Das Einzige, was mein Gedächtnis heraufbeschwören kann, ist ein grell beleuchteter Speisesaal. Über dem Buffet hing ein Spiegel, in dem ich meinem missbilligenden Gesicht begegnete. Mein Teller blieb fast leer. Nein sagen war vielleicht nicht gerade meine Stärke, aber es fiel mir nie schwer, Essen abzulehnen. Je mehr ein Gericht in Geschmack und Erscheinungsbild von Süßigkeiten abwich, desto größer die Wahrscheinlichkeit, dass ich es nicht mochte. Ich verstand nicht, warum Abendessen nicht einfach aus Süßigkeiten bestehen konnte, denen Vitamine und Nährstoffe hinzugefügt wurden. Schließlich lebten wir im Jahr 1996.

In jener Nacht schlief mein Vater auf der Seite. Kurz bevor ich das Licht ausmachte und noch ziemlich lange wachliegen sollte, fiel mir auf, dass es Sonntag war und wir nicht in der Kirche gewesen waren. Das musste der wohl beste Nebeneffekt vom Reisen sein,

wir hatten einfach vergessen, welcher Tag überhaupt war. Wir hatten
es geschafft. Mein Vater und ich erlebten ein echtes Abenteuer.

# Das Tote Meer
## Montag, 21. Oktober 1996

»Wir fuhren am See Genezareth, Jericho und dem Gebirge von Moab vorbei und danach am westlichen Jordanufer entlang zum Toten Meer. Der Bus fuhr parallel zum Jordan. Wir sind im Toten Meer geschwommen. Und wir haben dort auch mittaggegessen.«

Das vertraut mir mein staubtrockenes Tagebuch vierundzwanzig Jahre später an.

Die unzähligen Busfahrten verbrachte ich mit Merel, mein Vater saß neben ihrem Vater. Während aus dem Radio unverständliche Stimmen klangen, lernten wir uns kennen. Sie wohnte noch bei ihren Eltern, hatte gerade die Fahrerlaubnis bekommen, guckte gerne die *Flodders* und die Unterhaltungsshow *Uhhh ... Vergiss deine Zahnbürste nicht!* und bereitete in ihrem Elternhaus – einem Haus, das ich nie zu Gesicht bekommen würde – allerlei Quiches für ihre Eltern zu, weil sie fand, dass ihre Mutter nicht kochen konnte. Quiche zuzubereiten, sei ganz einfach, sagte Merel.

Wir waren schon vom ersten Tag an ein Herz und eine Seele. Wenn eine neue Freund*innenschaft geschlossen wird, kann eine neue Version des Ichs erfunden werden – und das ist großartig. Am dritten Tag, als wir Tiberias und den rosafarbenen See verließen, fragte Merel nach meiner Mutter. Und wo sie herkam.

»Deine Mutter ist also jüdisch«, sagte sie strahlend. »Dann bist du auch jüdisch.«

Wenn eine neue Freund*innenschaft geschlossen wird, kann dir unerwartet ein Spiegel vorgehalten werden, eine neue Version von dir wird erschaffen, die du selbst noch nicht kanntest – und das ist schwierig.

Die liebe Merel erzählte mir, wie schön es ist, dass die Kinder einer jüdischen Mutter automatisch jüdisch sind, wie die Blutsbande stärker sind als jeder Genozid, jede christliche Kirche, jede Assimilation oder Einbürgerung. Ich tat so, als wüsste ich, wovon sie sprach, dabei hörte ich all das zum ersten Mal. Ich. Jüdisch. Genau wie meine Mutter. Dem Holocaust getrotzt. Es ist natürlich komisch, dass sich vorher kein Mensch die Mühe gemacht hat, mir das zu erzählen, aber als Jüngster der Familie kannte ich das Gefühl nur zu gut, an einem Spiel teilzunehmen, dessen Regeln mir nie erklärt worden waren.

In dem Moment dachte ich an all die Male, die ich auf dem Platz neben der Rabobank vor dem Denkmal in meinem Geburtsdorf darauf gewartet hatte, dass die zwei Schweigeminuten am Totengedenktag vorbei waren. Meine drei Brüder trugen alle identische, in Zellophan gewickelte Blumensträuße, die wir erst hinlegen durften, nachdem die alten Menschen mit ihren schicken Kränzen an der Reihe gewesen waren. Nach uns kamen noch mehr alte Menschen mit einfachen Sträußen. Meine Mutter war nicht dabei, mein Vater stand hinter uns, und schob uns gewissermaßen nach vorne, um uns zu vermitteln: »Das ist ein Teil von euch, das ist eure Familie, eure Vergangenheit, eure Geschichte.« Ich dachte in jenen Momenten an den Krieg, den ich aus dem Fernsehen kannte: den Krieg in Jugoslawien. Dazu hatte ich einen Bezug, weil ich täglich Bilder dieses Krieges sah. Ich spürte, dass ich mit dieser Taktik mogelte, aber es funktionierte, ich wurde während der Gedenkfeier traurig. Ansonsten konzentrierte ich mich auf die Wangen des Trompeters, darauf, wie sie sich beim Spielen an- und entspannten. Wenn die Wangen mit ihren Bewegungen aufhörten, mussten alle still sein. Während der zwei Minuten hatte ich Angst davor, dass irgendeine Person husten würde, und das passierte auch häufig. Sobald das *Wilhelmus* erklang, nahm alles wieder seinen gewöhnlichen Lauf, taute alles auf. Aus den Gestecken, die meine Brüder und ich in den Händen hielten, hing ein makelloses rot-blau-weißes Band. Neben dem Denkmal hing die gleiche Nationalflagge, allerdings sehr viel größer und auf halbmast.

Damals bemerkte ich es noch nicht, aber später schon: Die Nationalflagge und die Nationalhymne, die auf die Stille folgen, sind völlig fehl am Platze. Als hätten niederländische Jüd*innen und niederländische Rom*nja und Sinti*zze während der Herabwürdigung, der Razzien, des Arrests, während des menschenentwürdigenden Transports, während sie in Konzentrationslagern gefangen waren und starben, auch nur irgendetwas von ihrer niederländischen Staatsangehörigkeit gehabt, als hätte sie diese Menschen auch nur vor irgendetwas bewahrt.

Merel und ich teilten uns die Ohrstöpsel ihres Discmans, während der Bus einen Berg nach dem anderen überwand und dem Tal immer näher kam. Als ich zwölf Jahre alt war, fühlte ich mich nicht jüdisch. Ich wusste auch nicht, was das beinhaltete. Abgesehen von der Bedeutung, die dem Volk durch die Bibel zugeschrieben wurde (auserwählt) und dem Stigma des Krieges (Opfer), wusste ich nicht, was eine jüdische Identität ausmachte. Ich nahm mir deshalb vor, in der Woche besonders aufmerksam zu sein, jüdische Menschen zu studieren, auf der Suche nach etwas, das ich wiedererkannte.

Eine Person aus der Reisegruppe sagte, Israel habe so gute Straßen, eine andere Person sagte, das habe der Staat den USA zu verdanken. Wir verloren weiter an Höhe und ich hatte wieder Druck auf den Ohren, die Landschaft wurde immer trockener, wir fuhren Richtung Wüste, zum tiefsten Punkt der Erde, dem Toten Meer. Merel umklammerte ihren Discman, weil die CD sonst sprang, mir wurde ein bisschen schlecht.

Meine Liebe zur Musik kam 1996 richtig in Fahrt, einen eigenen Geschmack hatte ich allerdings noch nicht. Ich mochte die Lieder, die damals alle mochten. The Fugees, Toni Braxton, Rob de Nijs, Total Touch. Merel mochte Céline Dion. Sie trug viel jungfräuliches Weiß, diese Céline, und breitete beim Singen die Arme aus. So viel wusste ich. Es sollte noch ein Jahr dauern, bevor ich ihre Musik zu schätzen wusste. Damals kam *My Heart Will Go On* raus, und die Begeisterung für diesen Song wurde mir von meiner Liebe für *Titanic* diktiert, und meine Liebe für *Titanic* wurde mir wiederum von meiner Liebe für Kate Winslet diktiert, die eine der langlebigsten Schwärmereien meines Lebens war.

Bei der Liebe für Merel ging es mir ähnlich, die wurde mir von der Liebe für meine beste Freundin diktiert. Sie ähnelten sich, Merel und Judith. Manche neue Menschen passen nahtlos in unser Leben, weil sie an eine andere, wichtige Person erinnern und diese Person bereits Raum für sie geschaffen hat, eine Umgangsform, eine Palette an Gesprächsthemen und Witzen erschlossen hat, aus denen die neue Person sofort schöpfen kann.

*

Judith war in meiner Klasse und wohnte in einem großen, flachen Gebäude, das an den Kirchplatz grenzte. Der Platz umgab die protestantische Kirche, also nicht unsere. Es war auch nicht Judiths Kirche. Judith und ihre Familie gehörten zu einer besonderen Gemeinde für Leute, die viel gläubiger waren als wir. Auch ihre Mutter trug einen Davidstern. Judith setzte sich jeden Tag ein Plastikdiadem auf, das ihr hinter den Ohren Druckstellen bescherte und Kopfschmerzen machte, eine moderne Form der Selbstkasteiung, die bestens zum Glauben ihrer Familie passte.

Ich übernachtete oft in dem flachen Haus, schlief auf einer Matratze, die ihr Vater neben ihr Bett legte. Bevor wir schlafen gingen, streckten wir die Köpfe aus ihrem runden Dachbodenfenster und schauten zum benachbarten Veranstaltungssaal, wo jedes Wochenende eine Hochzeit stattfand. Jeden Samstagabend die gleiche Musik, das gleiche Geschrei, Glasgeklimper, Gekotze, Gequatsche – und die ganzen Leute bei den Hochzeiten dachten, die Geräusche, die sie fabrizierten, seien einzigartig.

Die paar Male, die ich mit zu Judiths Kirche gegangen bin, fühlte ich mich aufgeschmissen. Das Gebäude, in dem sich die Gemeinde traf, war gerade erst gebaut worden und alle waren fröhlich. Die Lieder waren neu, eigens für diese Kirche geschrieben, und deshalb konnte ich sie nicht mitsingen. Es wurde geklatscht! Es gab fast keine alten Leute! Alle trugen Pastellfarben! Die Schriftart der Liturgie war serifenlos! Das war die Zukunft, das war mir vollkommen klar.

In dieser Superkirche mit den extralangen Gottesdiensten gab es für Kinder keinen Ausweg, es gab keinen nahegelegenen Keller, wo sie spielen durften. Hier mussten alle die komplette Predigt aussitzen, und irgendwann konnte ich nur noch an Essen, frische Luft oder Pimmel denken.

Fünf Monate vor der Reise nach Israel wurde ich zwölf Jahre alt. An jenem Montagmorgen wachte ich in dem flachen Haus von Judith auf, weil ich neugierig war, wie in diesem perfekt durchstrukturierten Haushalt mit meinem Geburtstag umgegangen würde. Ihre Eltern, die beiden blassen Schwestern und sie selbst standen im Flur am Bettrand und Judith hielt in ihren schmalen Händen einen Haselnusskuchen mit Kerzen. Der qualitativ hochwertige Gesang war den wöchentlichen Proben in der modernen Kirche zu verdanken. Beim Singen starrten sie mich alle an. Sie mochten mich und ich mochte sie.

So war ich an meinem Geburtstag noch nie geweckt worden. Bei mir zu Hause wurde sogar der Kuchen in einem Mordstempo gefuttert. Wir sangen nicht am Bett, für so etwas fehlte uns die Ruhe und die Zuwendung.

Ich würde nie das Kind von Judiths Eltern werden, und das war auch gut so, denn ihre Kirche war mir zu kirchlich und Chips gab es bei ihnen nur in einer kleinen Plastikschale, als fütterten sie einen Hund. Ich war bei ihnen zu Gast, und gerade das machte mich liebenswert. Ich war der Freund einer Familie, die nur wenige soziale Kontakte unterhielt, ich war derjenige, der sie aus dem ewig gleichen Alltag befreite. Ich stellte keine Fragen und betete brav mit.

Eine der Schwestern kam einmal auf die grandiose Idee, nach dem gemeinsamen Gebet, das vor dem Essen stattfand, ein katholisches Kreuzzeichen zu machen. Ich weiß nicht, wo sie das gesehen hatte, denn sie hatten keinen Fernseher. Ihr Vater wurde wütend und schickte die Schwester auf ihr Zimmer. So etwas machen wir hier nicht. Denn »so etwas« war genau der Glauben, dem er entkommen war, und der Grund dafür, dass in das flache Haus nur selten Besuch kam, denn Judiths Eltern hatten Familie und Freund*innen gegen ihren brandneuen Glauben eingetauscht, neues Kirchengebäude und neue Lieder inklusive.

Kurz vor meiner Reise nach Israel wurde beschlossen, dass wir zu alt waren, um noch gemeinsam in einem Zimmer zu schlafen und ich wurde in den Flur verbannt. Diese wenig subtile Entscheidung hatte einen umgekehrten Effekt und gab mir überhaupt erst das Gefühl, mich von ihr angezogen fühlen zu müssen. In Gedanken probierte ich diese Gefühle aus, aber sie wollten sich nicht festigen.

*

Woran genau Merel glaubte, weiß ich nicht. Ich habe sie nicht danach gefragt. Ich hatte das Gefühl, dass sie im klassischen Sinne fromm war und deshalb jede Woche in einer altmodischen Kirche die gleichen Psalmen sang wie ich, auch wenn mir ihre Davidstern-Kette verriet, dass sie etwas frommer war. Wir sprachen nicht über Gott, weil er eine Selbstverständlichkeit war. Ich erzählte ihr in jener Woche viel, aber längst nicht alles.

Mit zwölf trug ich zwei große Geheimnisse mit mir herum. Der Mann ohne Gesicht war das eine Geheimnis. Weder meine Eltern noch meine Brüder noch Judith wussten von seiner Existenz. Wenn mein Kern aus Angst bestand, war dieser Kern von einer Schicht aus Scham umschlossen. Diese Scham war wiederum von einer Schicht umschlossen, die filterte, welche Sachen nach außen dringen durften, und welche ich besser für mich behielt. Diese besondere Schicht ließ so gut wie keine Ängste heraus.

Das zweite Geheimnis befand sich im Fotobuch über Guns N' Roses, das dem Bruder, der blieb, gehörte. Einmal pro Woche holte ich das bleischwere Buch aus seiner Schreibtischschublade und blätterte jedes Mal zu einer bestimmten Seite, auf der Slash in voller Größe prangte. Slash stand unter der Dusche und der Hut, den er trug, den er immer trug, verhinderte, dass er nass wurde. Im Mund eine Zigarette, um die Hüften eine Lederhose. Ich starrte das Foto minutenlang an, so lange, bis mein Penis pulsierte. Meine Hose blieb dabei die ganze Zeit zu. Wenn ich aufstand, sah ich im Spiegel meines Bruders, wie rot meine Wangen waren. In diesen Momenten hatte ich nicht so viel Angst vor der Reaktion meiner Eltern, meiner Brüder oder meiner Mitschül*erinnen, stattdessen fürchtete ich Gott und seine berüchtigte Abneigung gegenüber Männern, die Männer mochten. Es war nicht so, dass diese Missbilligung jede Woche durch die Kirche schallte, aber tief im Innern wusste ich, dass ich mit jedem Orgasmus eine Grenze überschritt, und deshalb gelobte ich nach jeder Fotobuchrunde Besserung.

Ich erzählte Merel auf unseren Busfahrten nicht vom Mann ohne Gesicht und auch nicht vom Gitarristen von Guns N' Roses. Es gab sie nur in den Momenten, in denen sie sich zeigten: wenn ich ängstlich war und wenn ich geil war. Außerhalb dieser Kontexte konnte ich die Geschichten wunderbar unterdrücken.

Merel erzählte mir von einem Jungen aus ihrem Studiengang, der wie Drazic aus *Heartbreak High* aussehen wollte, was ihm sogar einigermaßen gelang. Sie glaubte, er habe sich die Haare schwarz gefärbt, fand ihn aber trotzdem unwiderstehlich. Ich konnte mir das bestens vorstellen und war eifersüchtig auf sie, weil ich spürte, dass wir genau die gleiche Liebe erlebten – mit dem Unterschied, dass ihre Liebe existieren durfte, sie würde damit davonkommen. Merel erzählte mir auch von ihrer Schwester, die sie nicht ausstehen konnte. Das konnte ich mir wiederum weniger gut vorstellen, denn

Familienmitglieder mussten meiner Meinung nach alles dafür tun, in der Nähe der anderen zu bleiben.

*

Vier Jahre, nachdem ich in Judiths Flur verbannt worden war, haben ihre Eltern das flache, alte Haus mit dem Wintergarten und der schlauchartigen Obstbaumwiese gegen ein Neubau-Appartement eingetauscht. Es befand sich im achten Stockwerk eines Gebäudes, das den Anfang eines Außenbezirks in einem vorher unbebauten Polder markierte. Die umliegenden Straßen hatten das Polderhafte, Farbarme, Menschenlose noch lange nicht abgeschüttelt, aber die Eltern von Judith hatten sich bereits dort niedergelassen und taten so, als würden sie in einem echten Viertel wohnen.

Ich log und behauptete, das brandneue Appartement sei schön, die Küche sei schön, Judiths Zimmer sei schön. Zusammen nahmen wir eine Tram zu einem Café, dessen Außenbereich von Heizpilzen warmgehalten wurde. In unsere Freund*innenschaft hatte sich Unbehagen eingeschlichen. Wir sahen uns nur noch sehr selten.

Ich rauchte eine Zigarette und trank 7Up, Judith bestellte eine Rivella. Früher brachte uns ihre Mutter oft, – immer mit einer umgebundenen Schürze –, zwei halbleere Becher Fristi-Himbeermilch. Judith hatte ihrem entsetzlichen Diadem mittlerweile abgeschworen. Meine Kindernase war zu einem erwachsenen, langen, robusten Exemplar herangewachsen. Meine Haare hatten heimlich alles Blond auswachsen lassen. Meine Augen waren in meinen Augenhöhlen versunken, meine Lider gedehnt. Unter den Augen hatten sich Wangenknochen aufgerichtet und zwischen den hohen Wangen und den tiefliegenden Augen waren permanente Augenringe entstanden. Meine Stirn (die dank der Gene des Mannes, der nie zu meinem

Großvater wurde, sowieso nie besonders kurz gewesen war) war mehrere Zentimeter länger geworden, aber mein Gesicht hatte vergessen, das Wachstum auch in der Breite fortzusetzen, wodurch die niedliche, runde Form von früher für immer verschwunden und gegen eine längliche ausgetauscht worden war. Eine Silhouette, die noch am ehesten an Fido Dido erinnerte.

Der vom Schularzt versprochene zweite Wachstumsschub war ausgeblieben, weshalb es bei dem einen, sehr schmerzhaften geblieben war, der mich auf gerade einmal einen Meter vierundsiebzig gebracht hatte. Damit war ich nach meiner Mutter die kleinste Person in der Familie.


Judith stellte ihr Glas auf den Tisch und redete, ohne mich anzusehen. Ich weiß nicht mehr, ob ich es ihr erzählt hatte, auf jeden Fall wusste sie es. Vielleicht hatte ich es ihr subtil zu verstehen gegeben, ja, so hatte ich es gemacht. Ich hatte von einem Jungen erzählt, der Joeri hieß und dauernd bei mir war und immer eine Jeansjacke trug.

Der Monolog von Judith fing bei der Glaubensgemeinschaft an, zu der sie früher gehört hatte, und führte zu der Wandlung, die ihr Glaube seitdem vollzogen hatte. Er gehörte jetzt ihr allein und konnte nicht mehr von ihren Eltern überwacht oder aufgezwungen werden. Ich weiß noch, wie stolz ich auf sie war, als sie das erzählte. Sie entwickelte sich zu einem Menschen, das musste ich erst noch hinbekommen. Und dann – sie sah auf einen Punkt rechts von mir, als gäbe es da etwas zu sehen –, sprach sie über mich.

Sie liebe mich, sagte sie.

Sie wisse auch, dass Gott mich liebe.

Gott liebe mich, aber er habe Mann und Frau so geschaffen, dass sich Mann und Frau gegenseitig lieben konnten. Das war das Werk

Gottes. Was ich tat, sagte Judith, sei nicht der Sinn der Sache, sei kein Bestandteil von Gottes Plan.

Ich sah ihre makellosen Wangen an, ihre Stirn, von der sich die Pickel inzwischen verzogen hatten. Sie sah mir immer noch nicht in mein (übrigens ebenfalls tadelloses) Gesicht und sagte, Gott sei mit meiner Lebensweise nicht einverstanden. Sie fügte hinzu, dass sie für mich beten werde. Ihr Glas war leer, es waren nur noch Eiswürfel übrig.

Ich war nicht sauer auf sie, meine Wut hat auch heute noch die lästige Angewohnheit, mit Verspätung zuzuschlagen, manchmal hindert sie mich am Einschlafen oder sie weckt mich mitten in der Nacht.

Aber das ist nicht die ganze Wahrheit. Ich hatte in dem Moment Mitleid mit Judith, mehr Mitleid als mit mir selbst. Mitleid mit der Art, wie sie sich von ihrem Glauben hatte einschnüren lassen, auch wenn sie behauptete, frei zu sein, Mitleid mit der Lieblosigkeit und der Strenge ihres Gottes. Sie glaubte, über mir zu stehen, und ich glaubte, ihr überlegen zu sein, vielleicht war das die destruktivste und zerstörerischste Dynamik, die es überhaupt zwischen zwei Menschen geben kann.

Ich wollte sagen, dass sie nicht für mich beten müsse, dass das eine Sache zwischen Gott und mir sei, oder eigentlich zwischen mir und mir selbst. Stattdessen sagte ich, ich könne verstehen, wie schwierig es für sie sei, dass ich anders war. Ich hatte dort im Café das Gefühl, ihr wirklich eine Last aufzubürden, aber das Gefühl hatte ich auch gegenüber meinen Eltern, meinen Brüdern, eigentlich gegenüber allen, die ich kannte.

Judith und ich sahen uns danach immer seltener. Ihr Umzug in das Hochhaus und mein Umzug nach Amsterdam lieferten einen guten Grund dafür, aber ich wusste, woran es eigentlich lag. Es stimmte mich noch nicht traurig, auch das kam erst später.

*

Den Bus, in dem Merel und ich unsere Bekenntnisse ablegten, überließen wir seinem Schicksal. Wir reisten in Jeeps weiter, die mich an *Jurassic Park* erinnerten. Mit den Jeeps konnte die Gruppe die Wüste durchqueren, und ich fühlte mich wie Laura Dern. Der Mann, der von den us-amerikanischen Straßen erzählt hatte, erklärte, echte Jeeps hätten kein Dach. Unser neues Transportmittel brachte uns zu einem beigen, felsartigen Berg, von dem aus wir das sehen konnten, was das Tote Meer sein musste, und der einen *König-der-Löwen*-artigen Namen hatte: Masada. Auf der Hochebene von Masada stand ein neuer Reiseleiter, der noch gar nicht so alt war. Ihm fehlte ein Teil des Kehlkopfs, deshalb hielt er eine Art Mikrofon gegen seinen Hals, das seine Stimme verstärkte. Dieses Instrument machte ihn um einiges interessanter als unseren eigentlichen Gruppenleiter, dieser Mann genoss vom ersten Wort an meine volle Aufmerksamkeit.

Die Roboterstimme erzählte von einer Zeit vor unserer Zeitrechnung, in der Judäa von Rom besetzt war. Der jüdische Widerstand auf Masada hat im Laufe der Zeit mythische Ausmaße angenommen. Beim Bibellesen und beim Toralesen fällt auf, dass dem jüdischen Volk nur äußerst selten eine Heldenrolle in einer Geschichte zuteilwird. Jüd*innen sind für immer und ewig die Opfer. Die Geschichte von Masada füllt diese Lücke. Jedenfalls behaupten das einige.

In Caesarea wurde gegen die Einführung der römischen Steuer protestiert, daraufhin plünderte ein römischer Statthalter Jerusalem, was 3.600 Jüd*innen mit ihrem Leben bezahlten. Ich weiß nicht, wie zuverlässig Zahlen sind, die vor unserer Zeitrechnung festgehalten wurden, aber so erzählte es uns die Roboterstimme.

Die römischen Legionen vertrieben die Jüd*innen aus Jerusalem und anderen Orten in der Gegend. In den Randgebieten hielten die jüdischen Rebell*innen länger durch. Am Ende stellte Masada den einzigen Ort dar, der noch in jüdischer Hand war, und diese Standhaftigkeit sollte ganze acht Jahre lang andauern.

Merel betrachtete den Roboterguide mit Argusaugen, als würde sie in Gedanken voll Argwohn jedes Detail überprüfen.

Aber gut, Rom kam mit einer zehntausendköpfigen Armee, um die Hochebene einzunehmen. Innerhalb weniger Tage bauten sie eine drei Meter hohe und drei Kilometer lange Mauer, die das jüdische Fort auf dem Berg wie ein vorzeitiges Ghetto umschloss. Es war Zeit für den Angriff. Aber wie kann ein Berg angegriffen werden?

Die Armee entschied sich für den am wenigsten steilen Hang, der sich an der Westseite der Hochebene befand, und präparierte den Hang mit Sand und Steinen, bis dort ein Belagerungsturm entlangrollen konnte. Jeden Morgen wurden die 960 Bewohn*erinnen des Berges Masada wach, schauten nach unten und mussten dabei zusehen, wie der Hang wuchs. Ein umgekehrter Gletscher, der sie zermalmen sollte.

Die Überlieferung besagt, dass es zwei Monate lang dauerte, bis der neue Berg gebaut war und die römischen Legionen ihn mit ihrem zweifellos beeindruckenden Belagerungsturm bestiegen. Sie versuchten, die Festungsmauer von Masada mit einem Rammbock zu durchbrechen, aber der Kern der Mauer wich kein Stück, weshalb sie beschlossen, alles in Brand zu stecken. Daraufhin ließ der Wind (Gott) das Feuer auf ihren eigenen Turm übergreifen, bis ein Sturm von der anderen Seite (ein anderer Gott) dafür sorgte, dass die Flammen wieder die Festungsmauern angriffen, die sich schließlich geschlagen gaben.

Und dann war es so weit, nichts konnte die römische Armee noch daran hindern, die fast tausend jüdischen Bewohn*erinnen der Hochebene zu ermorden, wie sie schon unzählige ermordet oder gefangen genommen hatte. Als die Armee in der Festung war, schlug ihnen eine unheimliche Stille entgegen. Es gab keine Geg*nerinnen, denn der Feind, auf den sich die Armee monatelang vorbereitet hatte, hatte sich das Leben genommen. Die Spitze des Berges war von Leichen übersät, die Felsen blutbeschmiert. Die tausenden Waffen, die die Römer bei sich trugen, waren überflüssig, denn die Jüd*innen hatten ihre Ehre gerettet, dem Feind nicht den Spaß des letzten Dolchstoßes gegönnt.

Die Jüd*innen hatten sich selbst aus der Geschichte radiert, waren einer Gefangenschaft entkommen, einem Leben unter einer römischen Regierung, indem sie selbst die Hand gegen sich erhoben hatten. Dieser Massenselbstmord markiert das Ende des jüdischen Widerstands und den Beginn des römischen Judäas, in dem der jüdische Glaube nicht ausgelebt, nicht aus der Thora vorgelesen werden durfte. Es war der Anfang einer jüdischen Staatslosigkeit, die 1.875 Jahre dauernd sollte, bis 1948.

Der Mann mit dem Sprechrasierer ging weiter zur nächsten Gruppe, wir streunten durch die Überreste der Festung. Wenn das die ultimative jüdische Held*innengeschichte war, musste es um die anderen Geschichten wirklich sehr schlecht bestellt sein.

Es würde noch zehn Jahre dauern, bis mir eine Spiegelgeschichte zu dieser Geschichte begegnete. Während des Zweiten Weltkriegs gab es einen bewaffneten jüdischen Aufstand, der oft mit der Schlacht auf dem alten Berg in Verbindung gebracht wird. Es handelt sich um die jüdische Held\*innengeschichte der Shoah schlechthin. Sie spielte sich in einem Ghetto in Warschau ab, in einem jüdischen Viertel, um das die deutschen Besatzungsmächte eine Mauer gebaut hatten.

Der Aufstand fand 1942 statt, nachdem innerhalb weniger Monate eine Viertelmillion jüdischer Pol\*innen aus dem Ghetto nach Treblinka deportiert worden war. Während die Anzahl der Deportationen zunahm und immer deutlicher wurde, dass in den Konzentrationslagern schrecklichere Dinge geschahen als Zwangsarbeit, bildeten sich zwei jüdische Widerstandsgruppen. Untergrundbewegungen sammelten Waffen und schmuggelten sie in das von Mauern umgebene Ghetto.

Die zweite Deportationswelle fand im Januar 1943 statt. Eine Gruppe von Jüd\*innen eröffnete das Feuer auf die Wachleute und konnte entkommen. Während des nächsten Pessachs wurden Nazis, die ins Ghetto kamen, von den jüdischen Widerstandskämpf\*erinnen angegriffen. Nach fünftägigen Gefechten zündeten die Nazis die Häuser im Ghetto an, aber die Widerstandsgruppen wollten sich nicht ergeben.

Quentin Tarantino würde von dieser Geschichte einen Steifen kriegen, der missgestaltete Racheporno namens *Inglorious Bastard* basiert schließlich auf heldenhaften Jüd\*innen wie den Warschauer Widerstandskämpfer\*innen. Wie held\*innenhaft der Widerstand auch war, am Ende mussten sich die jüdischen Kämpfer\*innen nach einem Monat gegen die übermächtige deutsche Armee geschlagen geben. Aber die Überlieferungen betonen, dass die Dauer des Aufstands und die Anzahl der Toten, die auf deutscher Seite verzeichnet wurden, bemerkenswert waren. Vor allem, wenn wir den Widerstand von ungefähr tausend Menschen ganz West-Europa gegenüberstellen, das innerhalb von sechs Wochen von derselben übermächtigen Armee eingenommen wurde.

Die Geschichte von Masada war größtenteils in Vergessenheit geraten. Erst 1923, dreißig Jahre nach Beginn der zionistischen Bewegung, wurde sie in modernes Hebräisch übersetzt und wieder beachtet. Es wurden Wallfahrten zum Berg organisiert und der Mythos stärkte die israelische und zionistische Moral vor der Zeit der Gründung des Staates Israel. Die Geschichte entwickelte sich zu einem noch wichtigeren Symbol des jüdischen Held*innentums, als die Parallelen zur Unterdrückung und Ermordung europäischer Jüd*innen gezogen wurden. Denn auch sie waren von einer feindlichen Macht in die Enge getrieben worden, auch sie mussten sich zusammentun und einen Plan schmieden, auch sie hatten keine Wahl, und wenn sie eine hatten, dann hatten sie die Wahl zwischen einem unbarmherzigen oder einem selbstgewählten Tod. Mit dem Zweiten Weltkrieg war die politische Mythologisierung von Masada perfekt. Endlich konnten dem Kanon der Unterdrückung Beispiele jüdischen Held*innentums hinzugefügt werden. Die Geschichte wird in israelischen Schulen erzählt und bis 1986 wurden neue Sold*atinnen der israelischen Armee zum Berg gebracht, um dort zu schwören, dass Masada nie wieder fallen werde.

Eine Nation braucht mehr als eine Flagge. Sie braucht Geschichten. Am besten held*innenhafte Geschichten, aber in Ermangelung besserer Geschichten muss ein Massenselbstmord herhalten. Bis der nicht mehr ausreicht. 1986 hörten die militärischen Eide auf Masada auf, weil die Armee keine Parallele mehr zur Kapitulation ziehen wollte. Die neuen israelischen Sold*atinnen sollten triumphieren, sollten florieren, sollten überleben, sollten in keiner Weise an Opfer erinnern.

Zu meinem Bedauern ließen wir die Hochebene und den Roboter-guide hinter uns. Er winkte uns noch mit seiner freien Hand, bevor wir den mythologisierten Berg mit der Seilbahn herunterfuhren. Seilbahnen sind wegen meiner Höhenangst die denkbar größtmögliche Qual. Ohne meine Mutter war es schwieriger, diese Angst zu bewältigen. Nicht, weil sie mich beruhigte, sondern weil ihre Angst überhandnahm, mir eine klar definierte Aufgabe gab. Es ist immer noch so, dass die Angst anderer das Einzige ist, was meine Angst versanden lässt.

Der Jeep brachte uns zum Toten Meer, Salzmeer, Schlamm-tümpel. Mein Vater erzählte, was er vom Reiseleiter gehört hatte: Geh rückwärts ins Wasser, setz dich aufs Wasser, als wäre es ein Stuhl, gib dem Stuhl Zeit, sich an dich zu gewöhnen, lass dich vom Stuhl auffangen. Und dann treiben lassen, nicht schwimmen, nie schwimmen, dreh dich nicht um, versuch nicht, auf dem Bauch zu liegen, wedle nicht mit den Armen, beweg dich nicht zu viel, sondern lass dich treiben, vertraue dem Wasser, vertraue dem Salz. Und wenn du aus dem Wasser willst, dann stehst du auf.

Das Wasser war flach und fettig, auf der Oberfläche trieben Lehm-schlieren, die mich an die weißen Schleifen in Murmeln erinnerten. Nicht weit entfernt standen die mit Matsch bedeckten Körper von Deutschen. Ich ging rückwärts, setzte mich, sackte bis zum Hals in das mit einer Ölschicht überzogene Wasser, das Meer hob meine Beine hoch und ich starrte in den Himmel.

Ich starrte in die Luft, nicht zu Gott, sondern einfach in den Himmel, und fragte mich, ob es möglich sein könnte, dass ein Mensch gleichzeitig reformiert und jüdisch war. Ich dachte an die goldenen Ketten mit Davidstern. Wenn jüdische Leute christlichen Leuten überlegen waren, strebten alle christlichen Menschen danach, jüdisch zu sein, und ich hatte dann besonders viel Glück, denn ich war, ohne etwas dafür tun zu müssen, zu einer Art Superchrist befördert worden. Ich dachte an meine Mutter, die Auserwählte, und daran, wie rätselhaft sie mir war. Ich dachte an meine drei Brüder, die, sofern Merel recht hatte, genauso jüdisch sein mussten wie ich, und genau wie ich nichts davon wussten.

Wenn ich jüdisch war, und dieses Land Jüd*innen vorbehalten war, gehörte es dann auch mir? Bekam ich dann auch ein Stückchen ab? Und könnte das Stückchen dieses alte Meer sein, dieses salzige Bad? Oder bekam ich ein Appartement in Tel Aviv, ein Stückchen römisches Hippodrom? Ich drehte vorsichtig den Kopf und sah den treibenden Körper meines Vaters. Er war kein Jude. Was da vorne in der salzigen Suppe lag, in meiner salzigen Suppe trieb, war ein Christ.

*

Mein Vater hat drei Schwestern und einen Bruder. Eine dieser Schwestern war meine Lieblingstante. Die Tante, bei der ich unzählige Ferienwochen verbrachte. Eine Frau mit kastanienbraunen Haaren, einer sanften Stimme, einer Tochter und einem Mann, der nie mit anderen Personen einer Meinung war. Eine Frau, die, genau wie Judith, einer besonderen Glaubensgemeinschaft anhing. Und außerdem: die Frau, die Judiths Geschichte eine Spiegelgeschichte verpasste.

Ich war neunzehn, als mein Opa starb, und der Einzige, der vollständig schwarz gekleidet zu seiner Beerdigung ging (auch das zeigt, wie übertrieben dienstbar ich war). Nach dem Gottesdienst und der Beisetzung trank die Familie an einer langen Tafel aus Resopaltischen Kaffee. Meine Lieblingstante stand auf, kam zu mir und legte mir eine Hand auf die Schulter. Ihr hatte ich nicht von

Joeri, Jeansjacken oder irgendeinem anderen Jungen erzählt, das musste ihr Bruder, mein Vater, gewesen sein.

Sie werde für mich beten. Sie wisse, dass Gottes Liebe groß genug war, um mich zu heilen. Sie wisse, dass ich mich auf Irrwegen befände und ergänzte sofort, dass jede Person fehlgeleitet werden könne. Sie wolle, wie sie es immer gewollt habe, nur das Beste für mich, und das könne ich nur erreichen, wenn mir Gottes Gnade wieder zuteilwürde.

Von dem Moment an hatte ich keine Lieblingstante mehr. Mein Vater reagierte schulterzuckend, als ich ihm von der Reaktion seiner Schwester erzählte, aber ich sah, dass ihm unbehaglich zumute war.

Judith und meine Tante verlangten von mir, mich selbst zu unterdrücken, weil sie in ihren Glaubensgemeinschaften und in den Häusern, in denen sie aufgewachsen waren, genau das gelernt hatten.

\*

Der Jeep fuhr wieder durch eine hügelige Wüstenlandschaft. Je dunkler der Himmel wurde, desto schneidender der Wind. Ich schmiegte mich an Merel an, war froh, dass mir kalt war. Ich hatte es geschafft, seit unserer Abreise aus den Niederlanden keinen Blick in das Mathebuch zu werfen. Das hieß, das Leben außerhalb von mir gewann langsam aber sicher gegen meine innere Welt. Und das war gut, das war definitiv gut, denn meine innere Welt war dunkler und trauriger als es meine Außenwelt je sein könnte.

Das hier war der Tag, an dem die Umgebung zu mir durchdrang. Der Mann mit dem Mikrofon am Hals, ich mochte ihn, das Meer, in dem das Schwimmen unmöglich war, das so salzig war, dass es zu einem Stuhl werden konnte, ich mochte es, der Berg, um den so erbarmungslos gekämpft wurde, auch ihn mochte ich, aber nicht wegen der Geschichte oder der jahrhundertealten Ruinen, sondern wegen der Aussicht auf die ebene Landschaft, die sich bei jedem Blick zu verändern schien. Ich mochte die Hitze, die nie ganz abklang, auch nicht in der windigen Dunkelheit der Wüste, und ich mochte schon jetzt die Stadt, die wir noch besuchen würden.

Von allen Orten, die die Bibel beschreibt, war dieser der berühmteste, der heiligste. Aber auch die Stadt kannte eine Gegenwart, würde sich zu einer dreidimensionalen Wirklichkeit entfalten. Ich fragte mich, wie sie riechen würde, wie viel noch stand, wie es sein würde, in Jerusalem aufzuwachen.

# Jerusalem
## Dienstag, 22. Oktober 1996

»Liebes Tagebuch,
über Getsemani und das Kidrontal sind wir zur Altstadt von Jerusalem gefahren. Dort haben wir die Klagemauer besucht. Wir hatten Glück, dort fand nämlich gerade eine Bar Mitzwa statt. Eine Bar Mitzwa ist die Feier für einen Jungen, der 13 Jahre alt wird.«

Viel spezifischer wird der Bericht nicht. Immerhin habe ich auf die erste Seite des Heftes zwei ausgeschnittene Fotos geklebt. Eins von der Klagemauer und eins von einem orthodoxen Vater mit einem Kind auf den Schultern.

Als ich das schrieb, war ich zwölf Jahre und fünf Monate alt. In einer anderen Welt hätte ich, genau wie der Junge vor der Klagemauer, auf den Moment hin gefiebert, in dem ich im Beisein meiner Gemeinde meine religiöse Mündigkeit beanspruchen würde.

Ich erinnere mich immer noch an den Jungen. Er hatte Schläfenlocken und sang, umringt von älteren Männern, einen Toratext vor. Seine Stimme brach immer wieder, um seine Schultern lag ein neuer

Gebetsmantel. Ein paar Meter vor ihm die riesigen kieselfarbenen Steine der jahrhundertealten Mauer, Steine, die es überall in der Stadt in besserem Zustand gab, die gleichen Steine, die am Flughafen Israel ankündigten, die Farbe, die mich an Hummus erinnerte.

Ich war kein Junge mit Schläfenlocken. Jetzt, da ich wusste, dass ich in Merels Augen jüdisch war, fand ich das tragisch. Ich hätte anzugtragend aufwachsen können, ich hätte Matze essen können, Hebräisch lernen, ich hätte die gleiche Ruhe und Selbstsicherheit wie der Junge ausstrahlen können.

Die Gruppe lief wie eine Ameisenkolonie zur Altstadt oberhalb der Klagemauer, zu der Moschee mit der goldenen Kuppel, die auf dem Umschlag des Buches abgebildet war, das für mein Referat herhalten musste. Wir gingen hinein und zogen uns die Schuhe aus. Der Teppich war unglaublich rot, in den Achseln der Säulen hingen kopfschüttelnde Ventilatoren. Es war alles andere als still, ich hörte das Klicken von Fotoapparaten, sah den Eifer der Pilg*erinnen, die endlich ihr Ziel erreicht hatten, die Freude und das Erstaunen, die dazugehörten, aber weil ich damit nichts zu tun hatte, in der Moschee nichts zu suchen hatte, sah ich auch, wie flüchtig die Freude war, wie sie durch den selbst auferlegten Stress überschattet wurde, alle wichtigen Punkte in der Moschee abzuhaken. Kinder, die gegen ihren Willen für Fotos posieren mussten, schnell heruntergeratterte Gebete, die Panik, die zum Reisen gehört.

Der Reiseleiter ging wieder runter, wir folgten ihm. Merel trug, wie es ihr aufgetragen wurde, ein Shirt mit langen Ärmeln und einen knöchellangen Rock. Am Tag zuvor hatte sie sich beim Baden im Toten Meer einen Sonnenbrand im Gesicht geholt. Ich vermutete, dass auch der Rest ihres Körpers rot war, denn fortan umgab sie immer der fettige Geruch von After-Sun-Lotion.

Die Gruppe erreichte einen kleinen Platz, der nicht groß genug für das angrenzende Gebäude war. Die Fassade der Grabeskirche ist einfach, schlicht. In der Kirche qualmt Weihrauch, entrücken Gesichter, knien und weinen hunderte Besuch\*erinnen. Die Kirche gilt als der Ort, an dem Jesus gekreuzigt und begraben wurde und später wieder auferstanden ist, als wäre sein Tod ein Irrtum gewesen.

Diese Dramatik in der Kirche war etwas Neues für mich. Es waren griechisch-orthodoxe Emotionen, römisch-katholische Gefühle, armenisch-apostolische Tränen, es war koptisches Drama, äthiopisch-orthodoxe Hingabe. Der reformierte Glaube, der sich wöchentlich über mich und meine Brüder ergossen hatte, war alles andere als körperlich. Es ist ein Glaube des Kopfes, unter dem sich ein geduldiger Körper befindet, der darauf wartet, wieder aufstehen zu dürfen. Reformierte Kirchengäng\*erinnen bewegen sich genauso wenig, wie Leute, die im Frisiersalon sitzen. Es gibt keine Hostie, kein Geklatsche beim Singen, keine Selbstkasteiung und kein Fasten, es gibt nicht einmal einen eleganten Kniefall hinter den Kirchenbänken. Weiter als bis zum Händefalten, Aufstehen und Wieder-Hinsetzen war ich in der Kirche in all den Jahren nicht gekommen. Doch in der Grabeskirche wurde geschrien, hier lag nämlich ein Stein, von dem eine magische Anziehungskraft ausging: Der Stein, auf dem Jesus' Körper balsamiert worden sein soll, nachdem er vom Kreuz genommen und bevor er in sein vorläufiges Grab gelegt wurde.

Diesen Marmorstein berührten jetzt die Haare und die Gesichter der Menschen, die davor knieten. Da war eine Nonne in einer Regenjacke, auch sie kniete. Ein Mann in Jeans, eine Frau in Weiß, die ihre Hand immer wieder über den Balsam-Stein rieb, als würde dadurch eine Botschaft daraus aufsteigen. Auf den Stein wurden Handtaschen gestellt, Plastiktüten, ein kleiner Müllbeutel, Souvenirs. Es kam mir ehrfurchtslos vor, den Stein, auf dem Jesus balsamiert worden war, als Beistelltisch zu verwenden, bis ich begriff, dass die Pilg*erinnen all ihre Besitztümer von dem Stein, also von Gott, segnen lassen wollten. Ihr Geld, ihre Tampons, ihre Coladosen und ihre Augentropfen. Es war eine Art der Verehrung, wie ich sie noch nie zuvor gesehen hatte, und von der ich dachte, auch Gott würde sie ziemlich theatralisch finden.

Aber der Stein und die Verehrung waren nur der Anfang. Der Höhepunkt der Kirche war nämlich der Namensgeber: das Grab von Jesus, das von einer koptischen Kapelle abgeschirmt wurde. Diese Kapelle wurde von einem Menschenstrom umkreist. Ich sah, wie eine Person ohnmächtig wurde, und noch eine, und da beschloss ich, dass das hier nicht mein Glaube war, dass ich mich nicht in diese Schlange stellen musste. Das Gebäude verhält sich zum Christentum wie der Miniaturpark Madurodam zu den Niederlanden: eine künstliche, kondensierte Version eines komplexen, vielschichtigen Ganzen. Fast jeder Zweig des christlichen Glaubens hat in der Grabeskirche einen eigenen Altar errichtet, ausgenommen die reformierte (oder jede andere protestantische) Glaubensgemeinschaft. Der protestantischen Überlieferung zufolge wurde Jesus im Gartengrab bestattet, außerhalb der alten Stadtmauern von Jerusalem und nicht dort in der Dunkelheit der Grabeskirche.

Ich saß draußen am Rand des Platzes auf einer Erhöhung und blickte auf die Kirche. Hinter mir die Tourist*innenströme. In meiner Hosentasche spielte ich mit den unbekannten, israelischen Münzen, die mein Vater mir morgens zugesteckt hatte. Ich stellte mir vor, die Reisegruppe würde die Kirche nicht mehr verlassen und ich müsste mich allein durchschlagen. Dann würde das Abenteuer von dem Geld abhängen, das ich bei mir trug. Ich vermutete, dass ich mir höchstens etwas Brot und ein Getränk kaufen könnte.

Ich drehte mich in Richtung Menschenmassen und suchte nach einer Familie, an die ich mich dranhängen könnte. Das machte ich öfter: Auch wenn meine Mutter mich im Auto warten ließ, suchte ich mir eine andere Familie aus. Ich machte das nicht, weil ich meine eigene Familie loswerden wollte, sondern weil ich es unglaublich langweilig fand, dass ein Mensch nur ein einziges Leben bekam, nur eine einzige Chance, alles mitzumachen.

Ich fand eine Frau in einem langen Rock, sie trug eine Kappe. Um ihre Beine tollten Zwillinge. Wie großartig es doch wäre, einmal der Älteste zu sein. Der Vater lief in einem blauen Poloshirt hinterher. Sie machten einen geeigneten Eindruck, wirkten ruhig und zuverlässig und irgendetwas sagte mir, dass sie einen riesigen Farbfernseher besaßen. Während ich mir vorstellte, wie ich mit ihnen sehr gesittet Mahlzeiten einnehmen würde, sprach mich die Mutter an. Sie redete im wunderlichen und unverständlichen Iwrit mit mir, das schon seit Tagen um mich herumschwirrte, und holte eine Kamera aus der Hosentasche. Die Zwillinge und der Vater positionierten sich wie von der Mutter angewiesen, die seufzend Passant*innen warnte, dass gleich ein Foto gemacht wurde. Die Familie wirkte wie eine stabile, symmetrische Einheit und strahlte Gehorsamkeit aus. Ich drückte auf den Knopf und hörte, wie der Apparat automatisch weiterspulte. »Toda«, sagte die Frau. Sie dachte, ich wäre ein Israeli. Das war die einzige Erklärung. Ich fühlte mich großartig.

Das Tolle an Jerusalem war, dass diese Stadt genutzt wurde. Jedes kleine Stück war umkämpft. Ein andauernder Kampf darum, streicheln, umsorgen, knien, weinen, trauern, gedenken und fühlen zu dürfen. Das hier war keine Stadt, in der brav alte Steine angestarrt wurden. Nein, hier holten die unzähligen Gebete und Wallfahrten die schlecht erhaltenen Steine in die Gegenwart, sie machten alte Gebäude zu Tempeln von immenser Wichtigkeit.

Es dauerte lange, bis Merel aus dem Schatten des Gebäudes trat, ins Sonnenlicht hinein. Kurz dachte ich, sie hätte sich After-Sun-Lotion in ihr verbranntes Gesicht geschmiert, aber es waren Tränen. Das Schauspiel in der Kirche musste sie berührt haben. Ich verstand nicht, wie sie inmitten all der emotionalen Gewalt noch etwas hatte fühlen können, wie sie die Gottesverehrung ernst nehmen konnte, aber ich wusste auch, dass ich die pedantische Neigung hatte, mich von Dingen zu distanzieren, die zu gewollt waren.

Das merkwürdige Aufeinandertreffen verschiedener Glaubensrichtungen, das ich auf der Reise zum ersten Mal aktiv wahrnahm, verdeutlichte die Relativität von Religion. Ich kam zu dem Schluss, dass diese Menschen auf keinen Fall alle recht haben konnten. Wegen dieser Ernüchterung erlebte ich in jener Woche eine umgekehrte Wallfahrt.

Die Kirchen, Moscheen und Synagogen, in denen jede Person auf eine etwas andere Art und Weise versuchte, den jeweiligen Gott für sich zu beanspruchen, der natürlich, so weit war ich schon, ein und derselbe Gott war, weckten in mir die Frage, warum Gottes Gunst so dringend gewonnen werden musste. Wenn dieser Gott wirklich so allmächtig und barmherzig war, warum mussten wir Sterblichen dann eine Gegenleistung erbringen, um seine Liebe empfangen zu dürfen? Warum mussten wir dann beten, leiden, kämpfen, warten, Opfer erbringen, Taschen auf alte Steine legen?

Nach der Reise nahm ich mir vor, Gott und den Seinen eine weniger prominente Rolle in meinem Leben zu geben. Wenn das zwischen ihm und mir vorbestimmt war, würde ich sowieso wieder zu ihm zurückkehren, dachte ich, so wie die Menschen voller Zuversicht ihre Jugendliebe verlassen, um die Liebe mit anderen entdecken zu können. Für diese Distanzierung habe ich nie Schuld empfunden, weil ich merkte, wie der Glaube in unserer Familie mit jeder Generation weiter abnahm. So, wie meine Großeltern geglaubt hatten, glaubten meine Eltern nicht, und so, wie meine Eltern geglaubt hatten, würden meine Brüder und ich nicht glauben. Ich beobachtete, wie die Macht Gottes im ganzen Dorf abnahm. Unsere Kirche wurde nicht umsonst abgerissen.

Der Glaube hat in meiner Jugend eine große Rolle gespielt, aber ich hatte nie das Gefühl, dass er mir aufgezwungen wurde. Für mich war er ein selbstverständlicher Bestandteil meiner Erziehung, eine Reihe von Geschichten, die mir helfen konnten, die Welt um mich herum zu verstehen, ein paar Lebensregeln, von denen einige überholt sind und ein Teil immer noch sinnvoll ist. Meine Sehnsucht nach Lebensregeln wurde nicht von meinen Eltern, sondern vom Glauben gestillt.

Das zwölfjährige Kind, das als Nachhut der Reisegruppe durch die Heilige Stadt trottete, wusste, dass Neid eine Sünde war, genau wie Ehebruch – auch wenn ich nicht ausschloss, dass mir das mit einem vollwertigen Liebesleben irgendwann mal passieren könnte. Schlug mich eine Person, dann musste ich ihr genau wie Jesus die andere Wange hinhalten, ich durfte nicht fluchen, auch wenn das alle machten, die ich kannte, inklusive meiner Eltern; ich durfte nicht stehlen, aber hatte mal einen Troll aus Plastik aus dem Tabakwarenladen im Dorf mitgenommen, und mit jedem Mal, dass mich dieses Ding von der Fensterbank aus ansah, wurde sein Grinsen boshafter. Ich durfte nicht lügen, und das tat ich auch so gut wie nie, dafür fehlte mir einfach der Mut, doch ich verschwieg relativ viel, aber das war mein gutes Recht. Ich durfte keinen Menschen töten, aber dazu war ich sowieso nicht imstande. Ich sollte Menschen helfen, denen es schlechter ging als mir, also warf ich ein paar von den fremden israelischen Münzen in den Plastikbecher eines Mannes, der vor einer Mauer auf dem Boden saß. Als Zeichen der Dankbarkeit rief er mir einen unverständlichen Segen zu.

Was ich während meiner Jugend auch spürte, was sich aber schwieriger in Worte fassen lässt, war die Liebe Gottes.

\*

Auch jetzt, mit Mitte dreißig, hege ich gegen meine religiöse Erziehung keinen Groll. Wenn ich das doch einmal mache, geht es dabei nur um die vielen Stunden, die ich an Gott verschwendet habe. In der Zeit hätte ich locker vier Sprachen lernen können, ich hätte Dreiteiler nähen, ich hätte ehrenamtliche Arbeit verrichten können. Aber abgesehen von dem zeitraubenden Element betrachte ich meine religiöse Erziehung als wertvolle Ergänzung, ich glaube, dadurch weltlicher statt weniger weltlich geworden zu sein. Dank der Bibel weiß ich etwas über den Ursprung unserer Kultur, ich kenne die Grundzüge aller monotheistischen Religionen, ich begegne gläubigen Menschen weniger herablassend.

Wenn ich meine heutigen Freund\*innen an meine reformierte Erziehung erinnere, merke ich, wie sie zusammenzucken. In der öffentlichen Debatte werden gläubige Menschen oft als intellektuell unterlegen dargestellt, weil sie angeblich Evolutions-Leug\*nerinnen sind und an einen übermächtigen Mann glauben, der irgendwo auf einer Wolke durch den Himmel schwebt. Die Realität ist komplexer. Es gibt unzählige, hybride Glaubensformen, außerdem ist der Glaube etwas sehr Intimes, etwas, das nicht einfach so von einer anderen Person eingestuft und beurteilt werden kann, genau wie sexuelle Vorlieben eigentlich.

Ich kenne ausschließlich Christ\*innen, die wissen, dass die Biologie des heutigen Menschen das Ergebnis eines wissenschaftlich deutbaren, evolutionären Prozesses ist, und die alle verstehen, dass Astronaut*innen Gott noch nicht begegnet sind, weil der Gott, den sie verehren, ein Konzept ist, eine Energie, eine Kraft.

Auch die klare Einteilung in Gläubige und Nichtgläubige hat keinen Bestand. Denn jede Familie hat einen eigenen Glauben, jedes Kind wächst damit auf, ob der Glaube nun von einer Weltreligion eingeflößt wird oder nicht. Der Glaube, mit dem wir aufwachsen, ist die Summe der Liebe, die wir empfangen, der Menschen, die zu Hause willkommen sind, der Menschen, die nicht willkommen sind, der Zeitungen und Zeitschriften, die gelesen werden, der Fernsehprogramme, die laufen. Der Held*innen, die auf ein Podest gestellt werden, der Musik, die durch das Haus schallt, des Weltbildes, das Eltern ihren Kindern vermitteln. All das bildet zusammen den Glauben, mit dem eine Person aufwächst, um diesen Glauben anschließend zu internalisieren oder abzulehnen, fortzuführen oder damit zu brechen.

Das heißt allerdings nicht, dass ich als Grundschulkind keine Unterschiede zwischen Familien, die in die Kirche gingen, und Familien, die das nicht taten, ausmachen konnte. Bei den Kirchenlosen wurden die Eltern mit dem Vornamen angesprochen. Nicht Papa oder Mama, sondern mit dem Vornamen! Die Möbel in den Häusern waren neuer, es gab mehr Plastik und mehr Furnier. In den Frisuren der Familien befand sich mehr Gel als in den Haaren der Gläubigen. Die Mütter hatten außerdem öfter etwas auf dem Kopf, was als eine Art Haartolle durchgehen sollte, und die Väter waren sportlicher. Sie kamen mir jung vor, die Eltern mit den Haartollen. Aber so ging es mir fast immer mit anderen Eltern, weil meine einfach alt waren.

Was sagt denn deine Oma dazu?, fragten mich Verkäuf*erinnen und Servicekräfte in Cafés, wenn ich etwas Unerlaubtes machte, und nickten dabei meiner Mutter zu. Wenn ich im Orangedunkel der Gewächshäuser im Bett lag und auf den Schlaf wartete, überlegte ich, wie alt ich war und wie alt meine Eltern waren. Danach bestimmte ich für meine Eltern eine akzeptable Todesursache und ein annehmbares Sterbealter. Ich kam oft bei »Altersschwäche« und »Achtzig« heraus, aber es gab auch Nächte, in denen ich alles in rosigem Licht sah und meinen Eltern noch ein paar Jahre mehr gönnte. Ab und zu drängte sich der Gedanke an einen Autounfall auf und meine Eltern kamen weniger glimpflich davon. Nachdem ich sowohl die Todesursache als auch das Sterbealter festgelegt hatte, rechnete ich aus, wie alt ich dann sein würde. Danach fragte ich mich, ob das ein akzeptables Alter war, um die eigenen Eltern zu verlieren oder nicht, und wie viel Kummer mir ihr Tod bereiten würde.

Ich habe meine Mutter ein paarmal gefragt, warum der Altersunterschied zwischen uns so groß war, ich habe sie als Kind und als Erwachsener gefragt. Sie war sechsunddreißig, als sie den Bruder, der fortging, bekam, und zweiundvierzig, als ich geboren wurde. Auf meinen Babyfotos hatte sie schon graues Haar.

»Ich konnte keine Kinder kriegen«, antwortete sie dann.

»Aber Mama, du hast vier Kinder.«

»Ja, letzten Endes war ich wohl doch sehr gut darin. Ich fand es wundervoll, schwanger zu sein. Ich konnte mich den Schwangerschaften richtig hingeben.«

Dann folgte meistens eine Anekdote über die Geburt des Bruders, der blieb, weil seine Geburt so besonders war. Er kündigte sich am Hochzeitstag meiner Eltern an, als meine Mutter gerade in der Schlange beim Bäcker auf einen bestellten Kuchen wartete. »Ich glaube, ich muss kurz an die frische Luft«, hatte sie ganz ruhig zu einer der wartenden Personen gesagt, »ich fühle mich nicht so gut.«

Und die Anekdote wurde so süß, so einnehmend mit der tiefen Stimme meiner Mutter erzählt, dass ich vergaß, weiterzufragen, und es dauerte eine Weile, bis meine Mutter mir erzählte, dass der Verstand stärker ist als der Körper. Und dass die Phase, in der meine Mutter keine Kinder kriegen konnte, im Nachhinein betrachtet von einer alles lähmenden Angst verursacht worden war.

In manchen Fällen bestimmt der Körper, was das Beste für den Verstand ist, und für die Nachkommen. Der Körper meiner Mutter entschied sich dafür, noch keine Kinder zuzulassen, damit es erst mit meiner Mutter bergauf gehen konnte. Und so kam es auch, es ging bergauf mit ihr, und es stellte sich heraus, wie unglaublich fruchtbar sie war und wie viel Talent sie für Schwangerschaften und Geburten hatte, die sie alle als unkompliziert bezeichnet.

Kurz nachdem meine Mutter die Bäckerei verlassen hatte, wurde der Bruder, der blieb, im Fahrstuhl des Krankenhauses geboren und nach meinem Vater benannt. Sie heißen beide Jaap, was immer wieder Verwirrung stiftet.

Der biblische Jakob bekam von Gott den Namen Israel, was »kämpfen, streitig machen, herrschen, Macht haben« bedeutet. Wir können mit Fug und Recht behaupten, dass der Name auch heute noch passt. Die Nachkömmlinge von Jakob wurden Israeliten genannt und bildeten schließlich die zwölf Stämme Israels.

Mein Vater, der Vater, mit dem ich im Alter von zwölf Jahren (diese biblische Zahl: zwölf Stämme, zwölf Apostel, zwölf Tore des himmlischen Jerusalems) durch Israel zog, mein Vater, der meine jüdische Mutter geheiratet hat, der Vater, der genauso heißt, wie der Bruder, der blieb: Jacob. Jacob, Jaap, Jacobus Johannes de Bruijn, Sohn eines Gärtners und seiner verschlossenen Frau. Jaap, der sanftmütige Mann, der während unserer Reise noch etwas Unbeflecktes hatte, weil mein ältester Bruder noch nicht verschwunden war.

Der biblische Jakob war der Sohn von Isaak und Rebecca. Mein Vater Jacob entschied sich im Alter von zweiundzwanzig Jahren für eine Frau, die als Rebecca geboren war, auch wenn sie während des Krieges Sonja genannt wurde. Diesen Decknamen würde sie noch jahrelang tragen, bis sie mit achtzehn Jahren ihren Geburtsnamen annahm. Aber ein Name ist hartnäckiger als das Gemeinderegister vermuten lässt, vor allem, wenn kein Umzug folgt. Als Kind lief ich neben meiner Mutter durchs Dorf, wie immer neben meiner Mutter, und immer wieder riefen ihr vorbeiradelnde Frauen mit Fahrradtaschen am Gepäckträger den Decknamen zu.

In Israel wurde ich zum ersten Mal durchweg mit meinem echten Vornamen angesprochen. Davor war ich immer Maup, Maupie oder Maups. Für eine erfolgreiche Namensänderung brauchte ich anscheinend nur eine Gruppe fremder Menschen, denen ich mich als Maurits vorstellen konnte. Und das hatte ich am ersten Tag gemacht, am Tisch mit dem Eingelegten. Weil ich den Namen jetzt immer öfter hörte, gewöhnte ich mich langsam daran.

Vorher fand ich meinen Vornamen immer zu erwachsen, zu etepetete. Und ich war nicht der einzige Mensch: Alle sagten Maup, was viel weicher klang, weniger distanziert war. Bis ich beschloss, dass ich ernst genommen werden wollte.

Erst viel später fand ich heraus, was meine Eltern auch nicht gewusst hatten: Der Name Maurits wurde von vielen Jüd*innen als nicht-jüdischer Ersatz für Moses, Mosche oder Meijer gewählt. Ein sicherer Deckname für Träger*innen von zu jüdisch klingenden Namen. Maurits war anscheinend ein Name der Assimilation, zum Verschwinden in der Masse. Ich wurde nach meiner Oma benannt, der Pflegemutter meiner Mutter, die im Sterben lag, als ich geboren wurde. Ein Lungenflügel wollte nicht mehr, nachdem ihn ein Orangenkern perforiert hatte. Ein paar Wochen lang war nicht sicher, ob sie es überleben würde, meine kinderlose Oma, die Westländerin, die reformierte Retterin meiner Mutter: Maria Adriana.

Nach meiner Geburt vollzog sich eine wundersame Wiederauferstehung. Solange ich sie kannte, lag sie im Sterben, aber sie war immer besonders lieb und lebte noch vierzehn Jahre, bis sie, mit nur einem Lungenflügel und einem feinen Sinn für Humor, in einem Krankenhausbett landete. Ein Bett, das in unser Haus gestellt wurde, und auf dem sie mir von der Nacht erzählte, in der das Baby kam, das meine Mutter werden sollte. Eine Woche später kam der Pfarrer, um ihr zu sagen, dass sie gehen dürfe, dass Gott die Himmelspforten geöffnet habe und mein Opa dort auf sie warte. Wie immer gehorchte meine Oma den Worten des Pfarrers.

*

Mittags besuchten wir in der Nähe der Grabeskirche den alten Markt von Jerusalem. Mein Vater, so wie immer von allem Alten beeindruckt, griff auf der Suche nach einem Geschenk für meine Mutter nach Teppichen und Ledertaschen. Sie liebte alles, was glänzte. Die Taschen, die mein Vater im Auge hatte, würden es meiner Meinung nach nicht schaffen, ihr aktuelles goldenes Exemplar vom Thron zu stoßen, also schüttelte ich zur Frustration der Markthänd*lerinnen immer wieder den Kopf. An einem Stand zog mich eine dunkelgrüne Kippa, auf die gelbe und rosa Gebäude gestickt waren, vollkommen in ihren Bann. Sie war wunderschön und mein Vater ermunterte mich dazu, sie von meinem Reisetaschengeld zu kaufen, aber ich dachte, ich hätte keinen Anspruch auf so einen unverkennbar jüdischen Gegenstand. Anstelle der Kippa kaufte ich ein Armband mit blauen Glasperlen, das ich noch auf der Reise verlor. Für Merel kaufte ich auch eins.

Kurze Zeit später überreichte ich ihr den Papierbeutel, in dem sich der billige Schmuck befand, und bat sie darum, ihre Kamera herauszuholen. Ich lehnte mich an eine Mauer und schlich mich so in das ikonische Foto vom Umschlag des Israel-Buches, das ich mir als Grundschüler aus der Bibliothek geliehen und dessen Cover ich immer wieder angestarrt hatte. Das Foto ist irgendwo auf meiner Facebook-Seite zu finden, und inzwischen sehe ich, wie oversized meine Kleidung damals war. Als wäre ich in den Klamotten meiner Brüder herumgelaufen, und vielleicht war das auch so. Mir fällt vor allem auf, dass ich noch nicht ich selbst war, ich war ein Lamm auf dem Weg zum Schaf, mein Oberkörper war für die Beine zu klein, längst nicht mehr so niedlich wie früher, aber auch noch nicht erwachsen, noch nicht fähig, Raum einzunehmen, *not a boy not yet a man.*

*

Religion bedeutet auch oder vielleicht sogar vor allem: Fortführen, was frühere Generationen angefangen haben. Die gleichen Handlungen ausführen, den gleichen Geschichten lauschen, die gleichen Seiten der gleichen Bibel umblättern. Es bedeutet, eine Verbindung zur Vergangenheit zu haben. Eine Vergangenheit, die mit jedem Gebet, mit jeder Geschichte näherkommt, oder vielleicht noch lebt, weiter vorne mit einer Perücke und einem künstlichen Gebiss in der Kirche sitzt.

Als mein ältester Bruder verschwand, verlor mein Vater seinen Glauben. Nach seinem Verschwinden war ein Schlafzimmer leer, in den anderen Betten blieben wir sonntags liegen, ignorierten die Kirchenglocken und entdeckten schon bald den Genuss eines entspannten Wochenendfrühstücks.

Meine Mutter verbiss sich jetzt erst recht in Gott, auch wenn sie immer noch nicht zur Kirche ging. Das war nichts Besonderes, wir wussten schon lange, dass die Regeln, die für uns galten, nicht für sie galten. Auch heute noch kniet sie sich jeden Abend wie ein Kind neben das Bett, die Ellenbogen auf das grelle Laken gestützt, die Hände vor dem Gesicht gefaltet.

Das Tragen eines Namens bedeutet: Fortführen, was frühere Generationen angefangen haben; einem Versprechen nachkommen, das von den Eltern gemacht wurde. Ich wurde nach meiner Oma benannt, der Bruder, der fortging, nach seinem Opa und seinem Onkel, der Bruder, der es auch spürte, nach seinem jüdischen Opa und seinem nicht-jüdischen Opa und der Bruder, der blieb, einfach nach seinem Vater, aber jeder Mensch bekommt einen Namen. Wenn der Name nicht auf ein Familienmitglied verweist, dann benennt der Name eine Vorstellung und die Eltern sagen: »Du wirst ein Bob«.

Kein einziger Name ist neutral, auch der des Holocausts nicht. Ein sogenannter objektiver Blick auf die Vergangenheit existiert nicht. Der Blick ist immer politisch, gerade dann, wenn er vorgibt, apolitisch zu sein. Diese sogenannte objektive Namensgebung beschäftigt mich in letzter Zeit sehr. Das Wort Holocaust wurde von den griechischen Wörtern *holos* (ganz) und *kaustos* (verbrannt) abgeleitet. Der Name wurde von den alten Griech*innen für ein freiwilliges Brandopfer für die Götter verwendet. Es ist also ein unangemessener Name für den von den Nazis vollzogenen Genozid, weil der alles andere als freiwillig war und in dem Begriff eine gewisse Beschönigung mitschwingt, als hätte die angestrebte Ausrottung einem höheren Ziel gedient. Holos trifft auch nicht zu, weil das jüdische Volk, auch wenn das definitiv die Absicht war, nicht vollständig ermordet wurde.

»Vielleicht meinen sie ausgebrannt«, sagt meine Mutter immer. »So fühle ich mich nämlich schon lange.«

Im englisch- und niederländischsprachigen Gebiet wuchs das Wort erst 1978 zu einem weit verbreiteten Begriff heran, wegen der erfolgreichen, gleichnamigen us-amerikanischen Fernsehserie (mit Meryl Streep). *Holocaust – Die Geschichte der Familie Weiss* handelte von einer fiktionalen deutsch-jüdischen Familie und vom Aufstieg eines SS-Mitglieds. Der Holocaust-Überlebende Elie Wiesel bezeichnete die Serie in der New York Times als unwahr, billig und »eine Beleidigung für alle Opfer und Überlebenden.« Kritik*erinnen erklärten, *Holocaust* bagatellisiere die Geschichte und fanden es widerlich, dass NBC an den Werbeeinkünften der Serie verdiente. Heute würde diese Kritik nicht mehr vorgebracht, weil mittlerweile alle am Krieg verdienen dürfen und die Geschichte auf jede vorstellbare Art und Weise erzählt wird.

In Westdeutschland haben fünfzig Prozent der Bevölkerung die Serie gesehen. *Holocaust – Die Geschichte der Familie Weiss* machte ein breites Publikum in einer Art und Weise auf den Genozid des Zweiten Weltkriegs aufmerksam, wie es das vorher noch nicht gegeben hatte. Zwanzig Millionen Menschen aus Westdeutschland haben eine fiktionalisierte und unrichtige Umsetzung einer Zeit gesehen, die die größte Narbe der nationalen Geschichte darstellt. Falschinformationen und Fake News waren Grundprinzipien des Nationalsozialismus, und auch dreißig Jahre nach dem Krieg wurde die Geschichte fiktionalisiert. Immerhin wurde zum ersten Mal das Leid der Holocaust-Opfer in den Fokus gerückt, und nicht nur die Rollen der Tät*erinnen und Alliierten – was das betrifft, stellte die Serie einen Wendepunkt dar.

Der Name ist unzureichend, und das gilt eigentlich für alle sprachlichen Aspekte in Bezug auf den Holocaust. Über die niederländische Internetseite oorlogslevens.nl wird das Archiv der Opfer des Zweiten Weltkriegs zugänglich gemacht. Auch die Mutter, der Vater und die Schwestern meiner Mutter stehen auf dieser Seite. In dem Archiv gibt es sechs Männer, die den gleichen Namen wie mein Großvater trugen, keiner von ihnen hat den Krieg überlebt. Ich sehe mir an, in welche Lager sie gebracht wurden, und finde den Mann, der mein Großvater hätte werden sollen. Am 1. Juni 1943 wurde er mit seiner Familie von Westerbork nach Sobibor »transportiert«, steht auf der Seite, als wären sie keine Menschen, sondern ein paar Tomatenkisten gewesen. Am 4. Juni ist Hartog Piller in Sobibor »umgekommen«, steht dort. Als wäre es ein Zufall gewesen und nicht ein vollkommen durchstrukturierter Mord, der Teil einer geplanten Ausrottung war.

Jüd*innen nennen den Holocaust *Schoa* oder *Shoah*, was wörtlich übersetzt »Katastrophe« oder »Zerstörung« bedeutet. Dieser biblische Begriff ist also passender als Holocaust. Aber auch mit diesem Wort habe ich meine Probleme, weil es darauf hindeutet, dass übermenschliche Kräfte am Werk waren. Dabei macht gerade die Tatsache, dass Menschen sich das ausgedacht haben, diesen Plan geschmiedet haben, und es eben keine Naturkatastrophe war, die Shoah so grausam. Es waren Menschen, die verantwortlich für den Hass gegenüber Jüd*innen waren. Und es waren Menschen, die für die brutale Ermordung anderer Menschen verantwortlich waren.

Eine Freundin sagte kürzlich zu mir, es gäbe keinen Unterschied zwischen Mensch und Natur. »Die Shoah ist größer als der Mensch. Die Anzahl der Opfer, die Auswirkungen, die Distanz zwischen Tät*erinnen und Opfern. Inwiefern unterscheidet sich das von einer Naturkatastrophe oder einer Pandemie? Können Menschen einander keinen Schaden zufügen, der größer ist als der Mensch selbst? Ist nur die Natur dazu fähig? Gehören wir nicht zu eben dieser Natur, genau wie Viren und Tsunamis?«

Damit hatte sie nicht ganz Unrecht. Alles Böse, das wir als feindlich bezeichnen, schlummert auch in uns. Es ist nicht möglich, zu bestimmen, wo das eine aufhört und das andere anfängt. Ich bin der Nachkomme von Opfern, aber ich hätte genauso gut das Enkelkind von Täter*innen sein können. Das Gute in der Welt gehört uns allen, schlummert genauso wie das Böse in uns allen.

Meine Mutter hat ein lückenhaftes Gedächtnis, es gibt nur ein paar Augenblicke aus ihrer Jugend, an die sie sich erinnert. Wenn mein Vater von seiner Kindheit erzählt, sagt er, an jedem Tag, an den er sich erinnert, scheine die Sonne.

Meine Mutter war eigenen Angaben zufolge eine unruhige, redselige Schülerin, genau wie der Bruder, der blieb. Die Grundschullehrerin meiner Mutter erzählte einmal die Geschichte von der Kreuzigung Jesus', es muss um Ostern herum gewesen sein. Die Klasse hing an ihren Lippen. Sie erzählte von dem armen Jesus, seinem Tod, seinem Leiden und dass er für »uns« gelitten habe, um uns von allen Sünden zu befreien.

Die Lehrerin fragte die Klasse, ob sie wusste, welche Personen Jesus umgebracht hatten. Nach anhaltendem Schweigen sagte die Lehrerin: »Das waren die Juden.«

Pause.

»Und wisst ihr, welche Person hier eine Jüdin ist?«

Auch meine Mutter wusste nicht, wen die Lehrerin meinte. Wieder Schweigen. Die Lehrerin streckte ihren Finger aus und zeigte auf meine Mutter. Oder besser gesagt: Sie zeigte auf das kleine Kind, das später meine Mutter werden würde. Sie erzählt mir diese Anekdote regelmäßig, niedergeschlagen, aber auch, als wäre sie einer anderen Person passiert. So wirken eigentlich alle Kindheitsgeschichten meiner Mutter. »Vielleicht lasse ich keine Gefühle zu«, sagt sie selbst.

Ich glaube, ich war siebzehn, als meine Mutter mir diese Geschichte zum ersten Mal erzählt hat. Als ich herausfand, dass die Grundlage für Antisemitismus in dieser Bibelgeschichte lag, in dieser einfachen Information, war ich völlig außer mir. War es das? Der Mord an Jesus Christus? Der wohlgemerkt selbst ein Jude war?

Und Jesus, diesem Jesus war es vorbestimmt, zu sterben. Wenn er nicht ermordet worden wäre, hätte er »uns« nicht erlösen können. Wenn er nicht ermordet worden wäre, hätte er nie auferstehen können, um damit alle (na ja, nicht alle) davon zu überzeugen, dass er der Sohn Gottes war. Also haben die Jüd*innen, die Jesus ermordet haben, dem ganzen Christentum gewissermaßen einen Bärendienst erwiesen! Und ohne Jüd*innen, ohne Jüd*innentum, gäbe es überhaupt kein Christ*innentum. Das ganze Alte Testament ist ein Plagiat, das ganze Christ*innentum eine abgespeckte Version des Jüd*innentums.

Aber all das dachte ich an jenem Tag noch nicht, als ich durch die Innenstadt von Jerusalem spazierte. Ich hatte keine Ahnung, dass die Christ*innen, wohlgemerkt die Gruppe, zu der ich wegen meiner Eltern gezählt wurde, die Begründ*erinnen des Antisemitismus waren. Das Einzige, was ich kannte, war die übertriebene christliche Vorliebe für Jüd*innen, von der ich später dachte, dass es wahrscheinlich genau diese Vorliebe war, die dafür gesorgt hatte, dass sich die Pflegeeltern meiner Mutter eines jüdischen Babys angenommen hatten.

*

An dem Abend gingen Merel, ihr Vater, mein Vater und ich aus. Unser frisch geschmiedetes Band hatte an diesem Tag einen Höhepunkt der Intimität erreicht. Unsere Bekanntschaft war zur Freund*innenschaft geworden. Abgesehen von der Altstadt kam mir der Rest von Jerusalem sehr europäisch vor. An einer Fassade hängende Leuchtbuchstaben kündigten die Kneipe an, die sich im Keller befand. Dort saßen junge Menschen auf Hockern an runden Tischen, tranken Bier und aßen Chips. In einer Ecke des Raumes gab es ein Podium, auf dem ein einsames Mikrofon stand. Es war nicht irgendein Podium, sondern eine offene Bühne.

Einer der jungen Leute auf den niedrigen Stühlen trug eine Militäruniform. Über seinem Rücken hing ein Maschinengewehr, von dem ich meine Augen nicht abwenden konnte, weil ich hoffte, so den gefürchteten zufällig abgefeuerten Schuss verhindern zu können. Ich weiß nicht mehr, ob der junge Mann Bier trank, aber für mein Empfinden saß er dort viel zu entspannt.

Es dauerte eine Weile, bis die erste Person das kleine Podium betrat. Eine maushafte junge Frau in einem langen Pullover. Sie sang nicht schlecht, aber mein Blick war weiterhin auf das Maschinengewehr gerichtet. Das mattschwarze Ding war riesig, nahm den ganzen Rücken des Soldaten ein und reichte bis über sein Gesäß. Ich vermutete, dass es einfach so einen Schuss abfeuern könnte, der am Boden abprallen, anschließend durch den Raum surren und eine Schneise der Vernichtung hinterlassen würde. Ich traute dem Soldaten zu, aufzustehen und das Gewehr gegen einen Tisch zu stoßen, ich traute ihm zu, die Fassung zu verlieren und nach der Waffe zu greifen, weil irgendeine Person etwas Falsches gesagt hatte. Ich hatte Angst davor, dass ein ganzer Sold*atinnentrupp in den Keller stürmen würde, um alle über den Haufen zu schießen. Wie immer behielt ich meine Ängste für mich.

Über die Soldat*innen und den Zweck, den sie erfüllten, wusste ich nahezu nichts. Ich wusste nur, dass Israel beschützt werden musste. Alle Menschen, die nach Masada schauten, wurden sofort an die Zeiten erinnert, in denen Blut um dieses Land vergossen wurde.

Arabische Israelis hatte ich während meiner Reise nicht bemerkt. Meine Wirklichkeit wurde durch das geprägt, was ich kannte, nicht durch das, was ich sah. Für mein Empfinden war Gott seinem Versprechen nachgekommen, er hatte den Jüd*innen – wie versprochen – das Land von Milch und Honig überlassen.

Das westliche Jordanufer nenne ich in meinem Tagebuch einmal, weil wir da zufällig vorbeifuhren. Ich schreibe nur, dass wir am Ufer entlangfahren, und kontextualisiere das Gebiet gar nicht, weil ich keine Ahnung hatte, was sich dort abspielte. Wir sind nicht einmal in die Nähe des Gazastreifens gekommen, der Reiseleiter hatte uns nichts von den Checkpoints, den Anschlägen, der Annexion erzählt. Wir bekamen ein politikfreies Märchen aufgetischt, und genau das wollte die Gruppe.

Immer mehr Israelis betraten die Bühne in der Bar. Mein Vater trank etwas zu viel, Merel war von den Gesangskünsten der Amateur*innen fasziniert, ihr Vater sprach den Mann neben sich an, und ich starrte auf das Gewehr. An alltäglichen Orten in alltäglichen Situationen von Angst überrollt zu werden, ist unglaublich zeitraubend. Ich sah, dass alles normal war, alles war so, wie ich es kannte, abgesehen von der Waffe. Es war, als würde der Mann ohne Gesicht dort sitzen, als würde hier, in einer unterirdischen, netten Kneipe das Böse sitzen, das ich mein Leben lang gefürchtet hatte.

Der Lauf des Maschinengewehrs ließ mich erst los, als ein junger Kerl auf die Bühne kam und aus den Lautsprechern die ersten Töne von *Back For Good* von Take That erklangen. Dieser zärtliche Pop-song verwandelte Israel wieder in bekanntes, sicheres Terrain.

# Yad Vashem
## Mittwoch, 23. Oktober 1996

Der Morgen vor einem Begräbnis wird immer von einer bestimmten Stimmung begleitet. Eine gewisse Anspannung, als müsste die Gesellschaft während der Zeremonie etwas leisten. Eine letzte Ausgelassenheit, die in hastig artikulierten Witzen ein Ventil sucht, bevor das nicht mehr geht. Der Bus war an jenem Morgen von genau dieser Stimmung erfüllt.

Der vorletzte Tag der Rundreise stand im Zeichen eines Ereignisses, dem ich jedes Jahr mit den von meiner Mutter gekauften Blumen gedachte; meine Mutter, für die das Ereignis den Lebensanfang geprägt hatte. Das Zellophan an den Blumen und wie es im Wind knisterte, meine Nerven, meine Brüder neben mir, aufgedreht, angespannt. Ein Ereignis, das auch meine Gegenwart prägte.

Das Gelände von Yad Vashem liegt auf einem Hügel. Der Morgen war neblig. Achtzehn Hektar mit Museen, Denkmälern, Skulpturen, Gärten, Dokumentations- und Bildungsstätten. Hier wurde nicht gekichert, das wurde mir klar, als ich das Besuchszentrum betrat. Wieder besuchten wir ein Grab, eines, von dem wir mit Sicherheit wussten, dass es leer war, so leer wie das Martyrium der Grabeskirche. Auf dem nebligen Hügel, auf dem der Bus hielt, befand sich das symbolische Grab von sechs Millionen Jüd*innen.

Die Gruppe teilte sich bei der Ankunft auf, mein Vater ging – so wie ich es gewohnt war – seinen eigenen Weg. Merel blieb bei ihrem Vater, ihre Wangen waren dank der Toten-Meer-Sonne immer noch knallrot, als wäre sie permanent erregt.

Eines der Gebäude von Yad Vashem beherbergt eine große, dunkle Kammer. In dieser Dunkelheit sind Projektionen schwarz-weißer Kindergesichter zu sehen. Das Weiß der Gesichter hat einen grünlichen Glanz, jedes einzelne Gesicht ist rund, die Wangen sind aufgebläht. Auf den Köpfchen sitzen Mützen, Kippas, Kinderfrisuren. Die Projektionen stellen die Vorhalle des eigentlichen Raumes dar. Dahinter ist noch mehr Düsternis, in der Lichter wie Sterne schweben. Unendlich groß, so wirkt es, eine optische Illusion, die von strategisch klug aufgestellten Spiegeln erzeugt wird, weil sie die Dunkelheit und die Lichtflecken unendlich reflektieren. Eigentlich ein billiger Kirmestrick.

Ich ging allein durch die von flackernden Kerzen beleuchtete Dunkelheit. Im Dunkeln waren Namen zu hören, nach den Namen wurde ein Alter genannt, gefolgt vom Herkunftsland. »Ginette Rothschild, neun Jahre, Polen.«

Die ganze Dunkelheit, die manchmal von Lichtreflexionen durchbrochen wurde, erinnerte mich an Space Mountain in Disneyland Paris oder an das Fahrgeschäft Droomvlucht im Efteling. Diese Orte fand ich großartig, ich mochte Orte, die mitten am Tag dunkel waren, konnte nur mit Achterbahnen fahren, die keine Sicht auf den Abgrund oder andere Besuch*erinnen zuließen. Die Dunkelheit heilte mich von der Angst vor den hängenden Kabinen und der Geschwindigkeit, zu der sie gezwungen wurden.

Ich bewegte mich durch die Dunkelheit und lauschte der beschwörenden Stimme, ohne zu begreifen, warum ich nur die Namen von Kindern hörte. Ich verstand nicht, warum der Tod von Kindern schlimmer oder vielsagender als der Verlust einer anderen Person sein sollte. Vielleicht, weil ich selbst ein Kind war.

Ich weiß noch, dass ich an dem Tag unbedingt etwas fühlen wollte, weil alles darauf ausgerichtet war, und weil die Vergangenheit mir diese Geschichte mitgegeben hatte. Ob die Erzählungen in der Bibel von mir handelten, von Menschen wie mir, würde ich wahrscheinlich nie herausfinden. Ob Israel auch mir gehörte, das war ein naives Hirngespinst, das wusste ich auch, aber das hier war die Geschichte meiner Mutter und deshalb müsste sie auch zu mir gehören. Ich musste nur noch die Schleusen meiner Augen öffnen.

Ich hatte mich selbst in einer Ecke verschanzt, mich auf den Boden gesetzt. Die Lichter hingen hoch über mir, das Tageslicht war verbannt. Ich musste zur Toilette, aber ich blieb sitzen. Ich musste es schaffen, traurig zu sein, so wie ich es auch schaffen musste, Mathe zu verstehen, wenn ich nur lange genug lernte.

In den Momenten wusste ich noch nicht, wie viele solcher Räume ich noch sehen würde. Inzwischen habe ich eine Schwäche für Gedenkarchitektur entwickelt, weil nirgendwo anders so deutlich wird, wie unzureichend ein paar Steine sind. Und weil diese Orte immer etwas Sakrales ausstrahlen, weshalb sie zu Sachen animieren, die nicht erlaubt sind, schreien, tanzen, Kaugummi unter den Stuhl kleben.

Das Sakrale kommt durch all den Beton, das Grau, das Rostige zustande, immer gibt es Stahl und Gleisbestandteile, oft einen einzelnen Waggon. Nur einen Waggon, aber unzählige Fotos; und wenn es keine Fotos sind, dann sind es Koffer; und wenn es keine Koffer sind, dann sind es Ausweise; und wenn es keine Ausweise sind, dann sind es Kinderspielzeuge, damit die Besuch*erinnen wissen: Mit diesen Spielsachen wird schon lange nicht mehr gespielt, die Ausweise sind überflüssig geworden.

Meine Mutter war für mich immer ein viel besseres Denkmal.

»Günther Aron, sechs Jahre, Deutschland.« Ich saß immer noch in der dunklen Halle und musste immer noch zur Toilette, als Wanderschuhe den Raum betraten. Über den Wanderschuhen sah ich die armeegrüne Hose, die jeden Abend über einem anderen Stuhl in einem anderen Hotelzimmer hing, darüber musste sich ein T-Shirt mit Elefant befinden, und die hängenden Schultern. Mein Vater hatte seine Arme auf dem Rücken verschränkt, so ging er immer durch Museen, so fuhr er auch mit Schlittschuhen über das Natureis, das es um unser Dorf herum gab. Nachts schnarchte er. Auf der Seite liegend, ein Arm unter dem Kissen, der andere auf dem Körper, regelmäßige, mechanische Atemzüge, die mich, neben allem anderen, das mich wachhielt, um meinen Schlaf brachten.

Mein Vater reparierte, rückte Sachen zurecht. Er mochte nichts Kaputtes. Er mochte es nicht, wenn wir mit löchrigen Schuhen herumliefen, wenn unsere Fahrräder einen Platten hatten, wenn der Hauswirtschaftsraum zugestellt war. Jeden Samstagmorgen stellte er eine Liste mit den Dingen zusammen, die im und um das Haus herum passieren mussten. Er schrieb alles in der für ihn und meine Mutter so typischen großen Handschrift auf (als versuchten sie, einander mit der Schriftgröße zu übertrumpfen) und hakte die an sich selbst gerichteten Aufgaben nach und nach ab. Oft landeten die Handschriften meiner Eltern auf demselben Briefumschlag oder auf demselben Druckerpapier, dann rang die Tinte der einen mit der Tinte des anderen. Er kämpfte mithilfe der Listen gegen das Chaos und die Verwüstung, die meine Brüder, meine Mutter und ich tagtäglich hinterließen. Am Wochenende räumte er die Trümmer auf, reparierte, was wir unter der Woche kaputtgemacht hatten. Für das Durchstehen seiner irrwitzig langen Arbeitswochen hat sich nie ein Familienmitglied bei ihm bedankt. Für das Wiederherrichten des Hauses am Wochenende auch nicht. Aber Danke sagen gehört nicht zu Familien.

Als ich meiner Mutter einmal einen Blumenstrauß als Dankeschön dafür gab, dass sie nach einem Krankenhausaufenthalt wochenlang für mich gesorgt hatte, stimmte sie das traurig. Meine Dankbarkeit suggerierte für sie eine Distanz, eine mangelnde Selbstverständlichkeit. Selbstverständlichkeit und Hingabe sind nie meine Stärken gewesen, das haben mir Menschen, die mich lieben, schon öfter übelgenommen.

Dass meine Mutter nicht allein sein konnte, war ein Problem, das sie nicht bei ihrem Partner abladen konnte. Part*nerinnen müssen zur Arbeit, haben ein eigenes Leben. Aber es ist möglich, das Problem bei den Kindern abzuladen – und so machten das meine Eltern. In dieser dunklen Halle, die so sehr versuchte, unendlich groß zu wirken, wurde mir klar, dass meine Brüder und ich die Ehe meiner Eltern gewissermaßen gerettet hatten, indem wir so für unsere Mutter sorgten, wie sie es von unserem Vater nicht verlangen konnte.

Letztes Jahr habe ich meinen Vater und meine Mutter an ihrem matten Glastisch, auf dem noch ein paar bekritzelte Umschläge lagen, gefragt, wann sie in ihrem Leben am glücklichsten gewesen sind. Es war Winter, wir waren vorher in einem Restaurant gewesen.

»Als ihr alle da wart, ihr vier«, sagte meine Mutter. »Da habe ich mich ganz gefühlt, geheilt. Ich hatte endlich eine Familie.«

Ich wartete auf den schlechten Witz, der alles, was in unserer Familie nach Sentimentalität roch, direkt auflockern musste, aber er blieb aus.

Sie hatte ihren Vater, ihre Mutter, ihre Schwester und noch eine Schwester verloren, vier Menschen, und hatte zweiundvierzig Jahre später fünf Menschen dafür zurückbekommen: einen Mann und vier Söhne. Wir kompensierten ihren Verlust dadurch, dass wir einfach da waren, wir dämpften ihre Einsamkeit, indem wir neben ihr im Auto saßen, indem wir Abende auf eine frisch frittierte Fleischkrokette warteten.

Mein Vater antwortete: »Kurz bevor wir Kinder bekommen haben, als wir noch zu zweit waren. Und es deiner Mutter gut ging. Da waren wir am glücklichsten.«

Mein Vater hat nie ein Geheimnis daraus gemacht, dass er sich ein Leben ohne Kinder bestens hätte vorstellen können. Er hat ein besonderes Talent dafür, Dinge auszusprechen, die meine Brüder und ich lieber nicht wissen wollten. Ich glaube, er genießt es, Sachen zu fühlen, die der Mensch nicht fühlen sollte.

Wie anders meine Mutter doch ist, auf deren Schoß ich die ersten sechs Jahre meines Lebens gelebt habe, über deren Geruch ich eine Doktorarbeit schreiben könnte, die Mutter, von deren Seite ich nie weichen durfte, und die, weil sie nicht anders konnte, nie von meiner Seite weichen sollte. Für diese Mutter fing das Leben erst in dem Augenblick an, als vier Kinder im Alter zwischen Null und Sechs zwischen ihren Beinen herumwuselten. Eine Mutter, die ein ganzes Leben lang auf dich wartet, der es mit jedem Tag, den du auf der Erde bist, besser geht, das ist vielleicht bedrückend, aber auch wundervoll.

Die forcierte Hierarchie zwischen Eltern und Kind wurde von uns kontinuierlich durchbrochen und lächerlich gemacht. Dadurch habe ich die Fähigkeit entwickelt, für Menschen da zu sein, die es im Leben schwieriger hatten. Ich hatte und habe vor allem Angst, aber nie vor dem Kummer anderer. Ja, ich habe nie gelernt, meine eigenen Grenzen aufzuzeigen, und ich habe den Schmerz meiner Eltern immer über meinen gestellt, aber ich habe mich zu einem sensiblen, emotional intelligenten, gestandenen Erwachsenen entwickelt. Außerdem sehe ich keine Alternative. Ich glaube nicht, dass meine Mutter bei alledem irgendeine Wahl hatte, dass es ein Szenario gibt, in dem sie weniger abhängig von ihren Kindern gewesen wäre.

Ein Menschenleben ist einfach zu kurz, um ein Trauma wie das meiner Mutter zu verarbeiten. Sowohl ihr Leben als auch das Wort verarbeiten sind in diesem Fall hoffnungslos unzureichend.

Auch dieses Beschönigen scheint eine Folge der Parentifizierung zu sein. Dann ist das eben so. Jeder Mensch sieht sich dazu gezwungen, Dinge für das eigene Seelenheil zu beschönigen. Dafür braucht es keinen Krieg.

*

In der Eröffnungsszene des Theaterstücks *Angels in America* wohnen die Zuschau*erinnen der Beerdigung einer jüdischen Frau bei, die in jungen Jahren aus einem kleinen polnischen oder litauischen Dorf in die USA emigriert war. Wir schreiben das Jahr 1985, wir sind in New York, und Rabbinerin Isidor Chemelwitz (in der Serie von Meryl Streep verkörpert, denn Meryl Streep kann alles) erzählt von dem Leben der verstorbenen Frau und dabei erzählt sie von allen Leben aller Jüdinnen, die so mutig waren, irgendwann im 20. Jahrhundert die Überfahrt von Europa nach Amerika zu wagen. An die Nachkommen der verstorbenen Frau richtet sie die folgenden Worte:

»You can never make that crossing that she made, for such great voyages in this world do not anymore exist. But every day of your lives, the miles – that voyage from that place to this one – you cross. Every day! You understand me? In you that journey is.«

Die Rabbinerin, die von Meryl Streep gespielt wurde, sprach von der großen Überfahrt, die meine Vorfahr*innen (abgesehen von meinem Onkel) nie gemacht hatten, und trotzdem verlieh die Schauspielerin meinen Gefühlen Worte. Das Leben meiner Großeltern und ihrer beiden Töchter hatte eine Wendung genommen, die ich nie begreifen würde. Sie wurden dazu gezwungen, eine Strecke zurückzulegen, die nicht noch einmal zurückgelegt werden kann und die weit weg von allem ist, was ich je erlebt habe.

Meine Mutter hat eine Reise gemacht, die ich niemals machen kann. Sie wurde gerettet, oder zurückgelassen, flüchtete von Amsterdam nach Maasland, ohne zu wissen, was flüchten ist. Wie oft ich auch von Amsterdam nach Maasland reisen werde, niemals komme ich auch nur in die Nähe der Flucht dieses Babys, das in einer anderen Welt landen würde. Die ersten Jahre meiner Mutter – entkommen, geflüchtet, untergetaucht, versteckt, die Nachricht, dass ihre Eltern nicht ihre Eltern waren, sondern dass ihre eigentlichen Eltern ermordet wurden, die Diskriminierung, die sie im Dorf erlebte – all das gehört zu der Strecke, die ich niemals zurücklegen kann.

Und trotzdem vibriert die Reise in mir weiter, erlebe ich sie jeden Tag. Die Deportation meiner Großeltern und die Flucht meiner Mutter leben in jedem Augenblick in mir weiter, in dem ich Angst habe, jedes Mal, wenn ich gefragt werde, wo ich herkomme, jeden Tag, an dem ich versuche, Hummus oder Latkes zuzubereiten, jeden Freitagmittag, wenn mich die Muslim*innen in meiner Nachbar*innenschaft daran erinnern, dass woanders gerade der Sabbat eingeläutet wird, jedes Mal, wenn ich im Spiegel meine Nase bewundere, jede Nacht, in der ich wachliege, mit jedem Buch von jüdischen Autor*innen, das ich im Laufe der Jahre gelesen habe, jedes Mal, wenn ich in mein Heimatdorf fahre, um in meinem Elternhaus zu schlafen, damit meine Mutter nicht allein ist.

»Wir sind Gespenster unserer Vorfahr*innen, Gespenster einer anderen Zeit«, sagt die Künstlerin Taryn Simon über ihre Serie *A Living Man Declared Dead and Other Chapters*, in der sie Stammbäume und die Geschichten, die mit diesen Familien zusammenhängen, anhand von Fotografien darstellt. Es sind Raster. Die älteste Person der ältesten Generation hängt links oben, jedes darauffolgende Foto zeigt eine jüngere Person der Generation, bis die Künstlerin bei der nächsten Generation ankommt. Wenn es Menschen gibt, die aus irgendwelchen Gründen nicht fotografiert werden können, fügt Simon einen leeren Hintergrund ein.

In dieser Serie porträtiert Simon Familien, die aus irgendwelchen Gründen zerfallen sind: durch Krieg, Politik, Glauben, Migration. In ihrem Raster bringt sie sie wieder zusammen und gleichzeitig legt sie offen, wie lückenhaft die Familien sind, eigentlich alle Familien.

*

»Karla Behrmann, acht Jahre, Niederlande.« Mein Vater hatte mich noch nicht bemerkt und schlenderte weiter, an noch mehr Lichtern vorbei. Jetzt, wo er mir in dieser Woche so nahe war, sein Körper jede Nacht neben mir schnarchte, wusste ich nicht so recht, was ich mit dieser Nähe anfangen sollte. Mein Vater war für mich kein Fremder, aber mein Leben in den Niederlanden spielte sich außerhalb seines Blickfelds ab, und seines außerhalb von meinem. Sonntagnachmittags nahm er mich und meine Brüder mit zum Waterweg, in den Wald oder zum Strand von Hoek van Holland. Dort sammelten wir Holz und machten Feuer. Und das war es dann auch schon.

Aber in jener Woche sah ich, wie er seine Nase hochzog, wie freundlich er war, wie höflich, ich lernte seine Witze kennen, fand heraus, dass er es in Sachen Fachwissen nicht mit Merels Vater aufnehmen konnte, dass er nicht immer wusste, worüber er sprach, ich sah seinen Bart wachsen, weil er Rasierschaum und Rasiermesser vergessen hatte, ich sah, dass der Bart grau war, dass ein Haar aus seiner riesigen Nase wuchs, ich sah zum ersten Mal eine Unsicherheit, wenn er mit einer Person sprach, die nicht gerade darauf brannte. Einen unsicheren Eindruck, den er auch in der Halle machte, während eine Stimme Kindernamen herunterleierte, er wusste nicht genau, was er anfangen sollte mit allem, was da zerbrochen war, schon vor Jahren zerstört wurde und nie wieder repariert werden konnte.

»Persy Dolgitzer, zwei Jahre, Lettland.«

»Maup«, sagte mein Vater, nachdem ich vom kalten Boden aufgestanden war, um zu ihm zu gehen. Aus dem Mund meines Vaters klang mein Name immer wie ein Seufzer. »Gefällt es dir?«

»Geht es denn darum? Soll es einem gefallen?«

»Es soll ein Denkmal sein.«

»Das ist es. Ich glaube, das ist es. Ich verstehe nur nicht, warum die Kinder hier einen eigenen Raum haben. Das ist doch genau das, was die Nazis gemacht haben? Die Kinder von den Eltern trennen?«

Mein Vater lachte, viel zu laut.

Seit jener Woche weiß ich, dass mein Vater gerne lacht, auch wenn die Bemerkung davor nicht lustig war. Manchmal wirkte er unsicher, unzufrieden, unwissend. Es fühlte sich wie der Anfang eines Abschieds an, dabei stellte es gerade das Abpellen der äußersten Schicht dar, den Beginn der Annäherung.

Am Ende des Tages kam ich am Gästebuch von Yad Vashem vorbei. Auf dem Papier spielte sich anscheinend ein ähnlicher Wettbewerb ab wie der, den meine Eltern täglich bestritten: Ein Eintrag war größer als der nächste, manche wurden von anderen eingeengt. Sarkozy schrieb, Yad Vashem habe ihn für immer verändert. Der jüdisch-us-amerikanische Autor Elie Wiesel bezeichnete den Ort als »das Herz und die Seele des jüdischen Gedächtnisses«. Barack Obama hinterließ den folgenden Eintrag: »At a time of great peril and promise, war and strife, we are blessed to have such a powerful reminder of man's potential for great evil, but also our capacity to rise up from tragedy and remake our world.« Bill Clinton schrieb Jahre zuvor den folgenden Text: »Today we have come one step closer to the time when the people of Israel will live in peace with all of their neighbors, when the awful events of death and destruction memorialized here will be banished to the past.« Die letzten Worte können heute nicht mehr ohne ironischen Unterton gelesen werden, und wahrscheinlich galt das auch schon, als der Satz aufgeschrieben wurde.

Trump besuchte Yad Vashem im Jahr 2017 und schrieb den folgenden Text ins Gästebuch: »It is a great honor to be here with all of my friends – so amazing and will never forget.«

Ich zeichnete einen traurigen Smiley ins Gästebuch, einen ganz kleinen, in die Ecke der Seite.

\*

Als Yad Vashem 1953 seine Türen öffnete, bestand der Großteil der Geschichten aus Held\*innensagen. Die Ausstellungen konzentrierten sich auf den jüdischen Widerstand in Sobibor und Treblinka und auf die Entbehrungen, denen Shoah-Überlebende ausgesetzt waren, um nach Israel kommen zu können. Als Erstes las ich an jenem Tag vom Warschauer Aufstand, dessen Dokumentation ein Überbleibsel aus der Anfangszeit des Museums ist, in der den damals lebenden Jüd*innen beigebracht werden sollte, dass sie nichts mit den Jüd*innen gemein hatten, die so gefügig in die Gaskammern gebracht wurden. Nein, die Einwohn*erinnen des frisch gegründeten Israels mussten sich von den Jüd*innen inspirieren lassen, die sich dem Feind widersetzt hatten.

Und es sollte noch eine andere, wichtigere Lehre gezogen werden: Die Shoah ist der Hauptgrund dafür, dass der Staat Israel existieren muss. Nur so kann das jüdische Volk vor einem neuen Vernichtungsversuch beschützt werden.

2005 wurde das Museum großzügig ausgebaut und wiedereröffnet. Der pädagogische Ansatz wurde durch persönliche Geschichten von Opfern und Zeug*innen ersetzt. Das neue Museum sollte zeigen, dass es keinen anderen Ort auf der Welt gab, wo ein besseres, größeres, beeindruckenderes Holocaustmuseum stand als in Jerusalem. Mit Yad Vashem trat Israel in den Wettbewerb mit anderen Ländern und versuchte, das Monopol auf den Holocaust zurückzuerlangen. Israel zeigte mit der Wiedereröffnung des großen, renovierten Museums: Es ist vor allem unser Holocaust.

Yad Vashem ist der Ort, der für die Toten der Shoah errichtet wurde. Meine Mutter ist eine Überlebende, eine Überlebenskünstlerin, eine Hinterbliebene. Wir müssen uns vergegenwärtigen, dass Geschichten über die Shoah zum großen Teil aus Aussagen Überlebender bestehen, schreibt Tim Cole in *Holocaust Landscapes*. Das bedeutet, dass per definitionem viele Stimmen fehlen. Wir hören die Überlebensgeschichten, die überwiegen. Wir hören nichts von den Millionen, die ermordet wurden, und deshalb dringen wir gewissermaßen nie zum Kern der Geschichte vor. Wir liegen also immer knapp neben dem echten Schmerz.

In dem Buch beschreibt Cole die Auswirkungen, die der Genozid des Zweiten Weltkriegs auf die Landschaft hatte, schon in der Einleitung erklärt er, warum er Sobibór ausgeklammert hat. Er ist zu den Orten gegangen, von dem ihm die meisten Überlebenden erzählt haben, was bedeutet, dass er die tödlichsten Orte, die schuldigsten Gegenden wie Bełżec, Sobibór und Treblinka auslassen musste, weil die menschlichen und materiellen Spuren ausgelöscht worden waren. Aus diesen Orten kann nichts mehr kommen, keine Stimmen, keine Geschichten.

Dieses Nichts sollten wir später selbst erleben. Als ich neunzehn Jahre alt war, besuchte ich mit meinen Eltern, dem Bruder, der es auch spürte, dem Bruder, der blieb und einem Bus voller Niederländ*erinnen in sechs Tagen die Überreste von Auschwitz, Auschwitz-Birkenau, Majdanek und Sobibor. Mein Vater hatte uns per E-Mail mitgeteilt, dass die Reise stattfinden würde. Es war keine Frage, er stellt uns öfter vor vollendete Tatsachen, ohne Raum für Widerspruch zu lassen. Die implizite Mitteilung war, dass diese Exkursion Teil unserer Erziehung war, so wie früher die wöchentlichen Kirchengänge.

In der Zeit, in der die E-Mail kam, verhielten wir uns stärker wie eine Einheit als in unserer Pubertät, obwohl meine Brüder und ich nicht mehr zu Hause in der Nummer 3 wohnten. Und das machte andere neidisch. Eine Familie mit erwachsenen Kindern, die noch regelmäßig zusammen in den Urlaub fuhr, eine Mutter, die täglich anruft, Söhne, die täglich rangehen. Sie konnten nicht sehen, dass es eher ein Festklammern war, und dass es nicht immer eine Option ist, nicht ans Telefon zu gehen. Wenn deine Vorfahr*innen umgebracht wurden und dein Bruder verschwunden ist, dann gehst du einfach ans Telefon.

Ich wohnte mittlerweile in Amsterdam und hatte in sentimentalen Momenten das Gefühl, damit etwas zu kompensieren, weil es mir gelungen war, als Nachkomme einer vertriebenen und ermordeten Familie in die Stadt zurückzukehren, aus der sie verbannt worden war.

Die Gruppe bestand – genau wie die Gruppe, mit der ich 1996 Israel besucht hatte – aus ungefähr vierzig Menschen. Familien, Eltern im Alter meiner Eltern, ihre Kinder, etwas älter als meine Brüder und ich. Der polnische Bus war um einiges komfortabler, die ganze Reise war komfortabel, aber durch meinen Körper strömte Galle, die nach einem Ausgang suchte, ihn aber nie fand. In Polen übernachteten wir in luxuriösen Betten, aßen überdurchschnittliches Hotelessen, lachten, und lachten darüber, wie viel wir aßen.

Schau nur, die Jüd*innen, sagten wir zueinander, wenn wir unsere Mitreisenden beobachteten. Schau nur, wie sie essen und wie jüdisch sie sind. Es war eine Obsession, die wir mit ihnen teilten, und unsere Familie neigt dazu, zu betonen, was wir wiedererkennen, vor allem in Momenten, in denen wir nicht besonders viel wiedererkennen.

Wir sind, bis auf meinen Vater, eine Fressfamilie. Essen oder der Weg zur Nahrung nimmt einen Löwenanteil unserer Gespräche und Gedanken ein. Der Bruder, der blieb, hasste mich jahrelang dafür, dass ich essen konnte, was ich wollte, ohne zuzunehmen, und nahm es mir übel, dass ich mit meiner göttlichen Verdauung nicht jeden Tag Hamburger aß.

In Warschau schliefen wir im Radisson, das von unzähligen Dönerimbissen umringt war. Ich hatte noch nie in so einem schönen Hotel geschlafen, war total besessen von den Rühreiern, die sich am Büfett unter einer silbernen Haube versteckten. Jetzt dämmert mir, dass die Übelkeit im Bus auch daran gelegen haben könnte.

Von den Baracken wechselten wir auf die besten Boxspring-Betten, auf denen ich je gelegen habe, um in ägyptische Bettwäsche gehüllt einzuschlafen. Der Schmerz, auf den wir in den Lagern trafen, musste mit dem Trost des Luxus, mit Komfort gelindert werden, der Anblick der Lager musste überschrieben werden. Und diese Strategie funktionierte. Wir, die Familie, die mittlerweile zu fünft durchs Leben ging, verfolgten diese Strategie schon seit Jahren.

Lachen war immer unsere Art gewesen, mit der Geschichte meiner Mutter umzugehen. Ein stumpfsinniges, übersteuertes, teenagerhaftes Lachen. Wir wussten nicht, was wir sonst tun sollten und lachten über die absurden Ausmaße des Schicksals. Keine Mutter? Ha! Kein Vater? Ha! Nicht mal Schwestern? Ha! Zwei Kinder ermordet? Alle weg? Ha! Was für ein Mensch denkt sich so etwas aus? Welcher Mensch kann so etwas begreifen? Was für eine Person erbt denn so eine Geschichte? Kein Haus mehr? Keine Sachen? Was soll ein Kind mit so einer Vorgeschichte anfangen?

Ich klammerte mich an die Witze meiner Brüder. Sie waren sich seit dem Verschwinden unseres ältesten Bruders nähergekommen, oder vielleicht waren sie im Laufe der Jahre einfach etwas sanfter geworden. Der Wettbewerbsdrang von früher war nicht ganz verschwunden, aber fand jetzt auf dem Gebiet des Humors statt. Ich lachte mit. Manche Witze waren auch wirklich gut, das muss ich schon sagen. Sowohl der Bruder, der blieb, als auch der Bruder, der es auch spürte, brillieren mit scharfsinnigen Einzeilern, die ihren Spott mit dem Tod trieben und mit der Familie, die wir nie gehabt hatten. Als wir alle vor der Vitrine mit Haar standen, fragte der Bruder, der es auch spürte, unsere Mutter, ob sie irgendwo die Haare ihrer Mutter erkennen könne. Meine Mutter vergisst viel, aber den Witz hat sie sich gemerkt. Der Humor war nicht selbstgefällig oder frivol, sondern notwendig. Als die ganze Gruppe vor der großen Vitrine in Auschwitz stand, rannte ich weg. Unbemerkt verließ ich den Saal, weil mir die Vitrine voll abrasiertem Menschenhaar zu viel wurde. Seitdem kann ich die Haare von fremden Leuten nicht ausstehen, schaue ich weg, wenn der Friseur die Haare einer anderen Person wegfegt, atme ich tief ein, wenn das Mädchen vor mir in der Schlange ihre Haare aus dem Kragen ihrer Winterjacke holt und sie mir unbewusst ins Gesicht schlägt.

Es ist eine schwierige, wenn nicht gar schier unmögliche Aufgabe, als Familie eine gemeinsame Sprache für ein Trauma zu finden. Diese Sprache lässt individuelle Gefühle zwangsläufig unter den Tisch fallen. Viele Familien finden überhaupt keine eigene Sprache, wir können uns also glücklich schätzen, dass wir Wörter hatten. Unsere Witze variierten von Klageliedern über die misslungenen Geburtstagsgeschenke von jüdischer Familienseite bis zu Bemerkungen darüber, wie wenig sie von sich hören ließen. Humor war eine Methode, den Kummer zu unterdrücken, ihn zu meistern.

Manchmal mussten wir unser Lachen zurückhalten, weil die anderen Reisenden uns missbilligend musterten. Dann waren wir fünf ungezogene Kinder, die auf der Klassenfahrt hinten im Bus saßen. Der Humor diente auch dazu, das Unwohlsein, das uns umtrieb, im Zaum zu halten. Denn in jener Woche fühlten meine Brüder und ich uns wie Betrüger. Zwischen all den jüdischen Familien fühlten wir uns wie Hochstaplerjuden, wie Hochstapleropfer, die von KZ-Überlebenden umzingelt waren. Die gemeinschaftlichen Gebete, die von dem mitgereisten Rabbi vor den Denkmälern vorgesungen wurden, beteten wir Playback.

Nur an dem Tag, als der Bus in Sobibor anhielt, kam ich mir nicht wie ein Nachahmer vor. Es gab keine Überreste des Lagers. Die Nazis hatten alle Spuren verwischt.

Wir gingen über einen Waldweg, als wir eine Lichtung erreichten, einen Berg, der aus der Ferne wie ein Sandhügel aussah. Das Mausoleum besteht lediglich aus diesem einfachen, kegelförmigen Hügel. Ich konnte mir nur mit Mühe vorstellen, dass das wirklich menschliche Überreste waren. Mit jedem Schritt, den ich weiterging, wurde der Sand grauer. Kein Mensch lachte, auch meine Brüder nicht. Kein Mensch fragte laut, ob auch die sterblichen Überreste unserer Vorfahr*innen Teil dieses Hügels waren. Der Aschehügel war schön. Ein runder Haufen, von Gras umsäumt, das wiederum von Bäumen umgeben war. Ich dachte an den Wind, und wie er den ungeschützten Hügel abtragen würde. Ich hoffte, eines Tages würde hier ein leerer Betonbehälter stehen.

Ich sah den Berg und die unmögliche Gruppe von Menschen, die hier lag. Alles Leben, die nichts miteinander zu tun hatten. Menschen aus verschiedenen Ländern, aus Familien stammend, die wiederum aus verschiedenen Ländern kamen, Menschen mit unterschiedlichen Überzeugungen, abweichenden politischen Einstellungen, Menschen unterschiedlicher wirtschaftlicher und sozialer Klassen. Aber hier lagen sie alle auf einem Haufen. Die Shoah ist schuld daran, dass sie keine Kunst mehr machen konnten, keine Kinder kriegen, keine Häuser kaufen, keine Marktgänge machen, keine Revolution entfachen, keine Medizin entdecken, nicht auf der Straße laufen, keine Pläne umwerfen, kein Haus kaufen, nicht in den Urlaub fahren, nicht betrunken werden, sich nicht verlieben, pleitegehen, sie ist schuld daran, dass sie nicht alt werden konnten, um im Bett umgeben von ihren Familien in aller Ruhe zu sterben.

Kurz vor ihrem Tod wurde der Mutter, dem Vater und den beiden Schwestern meiner Mutter erzählt, dass sie als Arbeitskräfte eingesetzt werden sollten und dafür eine Entseuchung und eine Dusche nötig wären. In den Duschen wurden sie ein paar Stunden nach der Ankunft im Lager hier in Sobibor vergast. Danach wurden sie verbrannt.

Ich war froh, dass nichts mehr intakt war. In dem Augenblick wollte ich keine Backsteine, Wege, Zäune, Haare, Koffer oder Pässe sehen. Das hier war richtig, sofern überhaupt irgendetwas richtig sein konnte. Ich wollte nichts von dem sehen, was 1943 existiert hatte. Jedes Bild eines Krieges ist eine Vereinfachung des Krieges. Wenn die Menschen kaputt gemacht wurden, dann bitte auch die Gebäude, die Wege, am liebsten auch die Bäume, aber die standen noch.

Auf der Katastrophenreise sah ich den Kummer unserer Mitreisenden, die unmögliche Zusammenstellung des Aschehaufens wurde durch uns gespiegelt, denn auch wir hatten abgesehen von unserem Hintergrund keine Gemeinsamkeiten, da war nur die jüdische Identität, aber gerade diese Verbindung war in vielen Fällen unterbrochen worden. Und trotzdem schlossen meine Mutter und mein Vater in jener Woche Freund*innenschaften fürs Leben.

Meine Mutter machte während der Reise einen nervösen Eindruck, ich sah, wie es ihren Körper in den Baracken von Auschwitz vor Ungläubigkeit schüttelte, ich sah sie verstummen, ich war bestürzt darüber, wie klein sie war, aber das kann auch an dem Schal gelegen haben, den sie jedes Mal, wenn wir aus dem Bus stiegen, um ihren Kopf drapierte und der alles, was an ihr vermeintlich jüdisch ist, unterstrich. Ich sah sie weinen, und das war eine ziemlich neue Erfahrung für mich, aber dieses neue Weinen kann auch an etwas anderem gelegen haben. »Seit dem Verschwinden deines Bruders weine ich«, hatte sie vor der Reise gesagt.

Mein Vater wirkte auf mich distanziert, vielleicht, weil aus meiner Mutter eine Trauer emporstieg, die er nicht kannte, oder weil es eine Trauer war, auf die er seiner Meinung nach kein Anrecht hatte, oder weil er nach dem Verschwinden seines ältesten Kindes keine Kapazitäten für anderen Schmerz mehr hatte.

Meine Eltern schätzten an der Reise sehr, dass sich alle Teilnehm*erinnen nach jeder Gedenkzeremonie und nach jedem Gebet, das vom mitgereisten Rabbi geleitet wurde, bei den Händen fassten und liebevoll zueinander sagten: »auf viele weitere Jahre«. Ein Satz, der mich an Geburtstage erinnerte. Es dauerte etwas, bis ich den Trost in den Worten erkannte.

Als könnten wir durch das Überleben, durch das Altern als Gegengift gegen die Shoah wirken. Angespornt von der Idee, dass wir wegen der Shoah mit einem Mal etwas aus unserer jüdischen Identität machen mussten, beschlossen wir nach unserer Rückkehr, die Einladung einer mitreisenden Person anzunehmen und einem Gottesdienst in einer Amsterdamer Synagoge beizuwohnen. Es fühlte sich wie der Anfang von etwas Neuem an, wir waren aufgeregt, aber das sind wir schnell.

Ich war an jenem Tag guter Dinge, freute mich auf eine Art jüdische Wiederbelebung, bei meinen beiden Brüdern beobachtete ich mehr Widerwillen. Und ich wusste, warum. Glaube war etwas, das aus unserem Leben verschwunden war, als wir mit ungefähr fünfzehn Jahren entscheiden durften, ob wir weiter zur Kirche gehen wollten oder nicht, und jetzt, Jahre später, drohte ein neuer Glaube sich in unser Leben zu drängen, ohne dass absehbar war, was das für Konsequenzen haben würde.

Sogar meine Mutter nahm in dem büroartigen Raum Platz, allerdings in der Nähe des Ausgangs. Wir versuchten, still zu sein. Kurz dachte ich, dass wir jüdischer werden konnten, als wir es je gewesen waren, dass nach meiner »Rückkehr« nach Amsterdam dort in der Nähe des Amsterdamer Messezentrums RAI etwas wiederhergestellt werden konnte, auch wenn wir uns nicht in einer der prächtigen, historischen Synagogen befanden, sondern in einem Raum mit Deckenpaneelen.

Nach dem Gottesdienst standen wir auf dem zugigen Parkplatz. Wir waren uns einig, dass wir nicht noch einen Glauben brauchten. Die reformierten Geschichten waren so stark in uns verankert, dass jede andere Interpretation derselben Geschichte wie eine abgeschwächte Version des Originals auf uns wirkte. Auch wenn wir wussten, dass es sich natürlich andersherum verhielt, dass unser Glaube vom jüdischen Glauben inspiriert war.

Die Reise zu den Konzentrationslagern verdeutlichte unserer Familie unsere gemeinsame Vergangenheit, brachte uns enger zusammen. Manchmal dachte ich, Kummer würde das Rückgrat unserer Familie bilden, wegen des Kummers hätten wir ein engeres Verhältnis als die Familien meiner Freund*innen. Aber in jener Woche wurde mir auch klar, dass ich neben der humorvollen Familiensprache, die wir für alles verwendeten, was mit der Shoah zu tun hatte, eine eigene Sprache entwickeln musste.

Damals fand ich außerdem in Gesprächen mit Gleichaltrigen heraus, dass Menschen meiner Generation es genauso schwierig fanden wie ich, Anrecht auf diesen Krieg zu haben. Wenn es darum geht, haben die Worte von Tim Cole einen ernüchternden Effekt.

Denn wenn der Kern der Kriegsvergangenheit immer verschwommen bleibt, weil er den Toten gehört, ist jede Splittergeschichte wertvoll. Und wenn keine Person ein Anrecht auf den echten Schmerz hat, dann gehört er erst recht allen.

Mittlerweile finden diese Familienreisen und Aktivitäten seltener statt. Meine Brüder haben jetzt eigene Familien und wir alle müssen uns eigenständig darum bemühen, unserer jüdischen Identität zu folgen und daraus mehr zu machen als einen Aschehaufen. Der Bruder, der blieb, macht das über eine lebenslange Fan-Mitgliedschaft bei Ajax Amsterdam. Er hat Dauerkarten, vermittelt seinen Kindern dieselbe Liebe für das Spiel, für den Club. Er fühlt sich nicht jüdisch, aber wenn in der Zeitung oder im Fernsehen über Jüd*innen oder Antisemitismus berichtet wird, wird etwas in ihm wach, womit er nichts anfängt.

Der Bruder, der es auch spürte, hat seinen Kindern jüdische Vornamen gegeben, nachdem er den Nachnamen unserer jüdischen Großeltern angenommen hat. Er gibt sich wirklich Mühe.

Was der Bruder macht, der fortging, wissen wir nicht.

Ich habe keine Kinder und ich kann mit Fußball nichts anfangen.

Der Bruder, der es auch spürte, sagt, er fühle sich mit dem jüdischen Opa verbunden, nach dem er benannt wurde; der Bruder, der blieb, wirkt unbeteiligt, solange er nichts über Antisemitismus liest, aber es steht mir nicht zu, ihre Gefühle zu bewerten.

Ich weiß, wie unterschiedlich wir auf unsere Jugend zurückblicken. Drei Brüder, drei Versionen von einer Familie, von den Mahlzeiten, die wir aßen, den Urlauben, die wir machten, drei Meinungen über das Verhalten unserer Eltern, über die Geschenke, die wir bekamen, oder auch nicht. Schon über solche alltäglichen Erinnerungen herrscht Uneinigkeit, also ist es nicht verwunderlich, dass unsere Versionen vom Kummer noch stärker voneinander abweichen.

Unter den Reisenden nach Polen befand sich eine besonders kleine Frau, die ich aus Amsterdam wiedererkannte. Sie arbeitete in einem Stoffladen, in dem ich oft einkaufte. Sie küsste die Leute immer ganz liebevoll, indem sie die Lippen wie ein kleiner Fisch spitzte. Ihr Vater, ihre Mutter und ihr Bruder sind in Konzentrationslagern gestorben, sie hat Auschwitz überlebt, wo sie als Zwölfjährige gefangen gehalten wurde. Sie war eine Art Einhorn, eine Person, die du ansiehst, ohne zu glauben, dass sie wirklich existiert, weil du dir nicht vorstellen kannst, was sie durchgemacht haben muss.

Ich wohnte in der Nähe des Stoffladens und sah sie später noch ein paar Mal, aber ich traute mich nie, zu zeigen, dass wir uns auf der Reise begegnet waren. *What happens in Auschwitz, stays in Auschwitz.*

Ich kaufte Knöpfe und glänzende Stoffe, ohne sie anzusehen, und hörte, wie sie anderen Kund\*innen vom Konzentrationslager erzählte. Wenn die Gespräche zu lange dauerten, sagte sie, dass sie regelmäßig Vorträge halte und legte dann ihre Visitenkarte auf den Tresen.

Leny Boeken starb 2012. In einem Interview mit der Zeitung Trouw aus dem Jahr 2005 sagt sie über die Zeit nach dem Krieg: »Manchmal habe ich mich gefragt, ob ich, ob die Welt, noch normal werden würde.«

Letzteres ist natürlich nie passiert.

Wir Menschen häufen ständig Traumata an. Wir leben ein Leben, das zwangsläufig zu kollektivem oder individuellem Schmerz führt. Wir leben auf einem Planeten mit Krieg, politischer Gewalt, Armut oder besser gesagt: in einer Welt des Kapitalismus und des Tributs, den er abverlangt. Wir bekommen Krankheiten, die unheilbar sind. Wir bekommen Krankheiten, von denen nur unser Körper geheilt wird. Es herrscht Klimastress, Entscheidungsstress. Unsere Eltern sterben, das passiert auch mit unseren Brüdern und Schwestern, unsere Kinder werden tot geboren, sie sterben an mysteriösen Krankheiten, ertrinken. Wir werden so alt, dass wir all unsere Freund*innen überleben, dass wir in Wohnzimmern dahinsiechen, die wir nicht selbst eingerichtet haben.

Wir sind Kriegsvete*raninnen, Flüchtlinge, chronisch Erkrankte. Wir bilden eine Menschheit, die dank medizinischer Fortschritte immer mehr Krankheiten überlebt, und nach den Krankheiten muss weitergemacht werden.

Es gibt immer mehr Kinder von geschiedenen Eltern, Kinder von verstorbenen Eltern, von alkoholkranken Eltern, missbrauchenden Eltern, Eltern, die Fehler machen. Wir werden durch das Mobbing der Kinder, mit denen wir aufwachsen müssen, kaputt gemacht, von den Lehr*erinnen, die uns abschreiben, durch Spiegel und Reklamen, die uns auslachen, durch die Gewalt, die wir erfahren, wenn der Laden, in dem wir einkaufen, ausgeraubt wird, der Zug, in dem wir sitzen, in einen »Personenschaden« verwickelt ist, wenn der Strand, an dem wir Urlaub machen, von einem Tsunami getroffen wird. Es gibt älteres Leid, das mit jeder Generation neue Opfer findet. Die Sklaverei und der daraus resultierende weitreichende, von der Mehrheit nicht anerkannte Schmerz. Der Völkermord an den Armenier*innen, die Atombombenabwürfe auf Hiroshima und Nagasaki. Die Gewalt hört nicht mit dem Beenden einer Besetzung auf, dem Abschaffen von Zwangsarbeit und Ausbeutung, mit dem Ende eines Krieges, mit Entschuldigungen eines Staatsoberhaupts. Der Schmerz sickert durch, führt zu Albträumen, schickt Vorboten psychischer

Erkrankungen, zerreißt Familien und die Familien, die aus diesen Familien hervorgehen.

Ich frage mich, ob es noch Unversehrte gibt, Menschen, die verschont geblieben sind. Eigentlich sind das die Unvollständigen unserer Gesellschaft, weil das Leben so liebevoll zu ihnen war, dass sie keinen blassen Schimmer haben, welcher Kummer in Schlafzimmern, Autos (der perfekte Ort zum traurig sein), in Tagebüchern und unseren Körpern steckt.

*

Es war im Sommer 2018, ich war auf einer Hochzeit, noch nicht betrunken, und trug eierlikörgelbe Kleidung. Während der Zeremonie weinte ich beschämend viel. Danach scharten sich Leute in ihren Dreißigern zusammen, die sich seit Jahren nicht gesehen hatten.

Ich sah einen jungen Mann, der Vater geworden war, ein Kinderwagen stand neben ihm. Als ich ihn das letzte Mal gesehen hatte, machte er mit einem Joint zwischen den Lippen einen Handstand. Er machte mir ein Kompliment zu meiner Kleidung und ich gratulierte ihm zum Baby, das im Kinderwagen schlief. Wir betrachteten das Neugeborene, während er seine Frischgebackene-Eltern-Geschichte abspulte.

Ich weiß nicht, warum ich plötzlich von meiner Mutter sprach. Vielleicht war das unangebracht, aber ich sah ein Baby und dachte an meine Mutter als Baby und an die Umstände, unter denen sie ein Baby gewesen war. Der junge Mann, der gerade Vater geworden war, stellte mir Fragen.

Ich erzählte ihm, was ich wusste. Ich erzählte ihm von dem Trauma, mit dem meine Mutter lebt, und er sah mich misstrauisch an. Erloschenes Interesse. Ein Trauma, sagte er, während wir beide sein Kind ansahen, das geht doch gar nicht. Sie war doch viel zu jung, um das alles richtig mitzubekommen, behauptete er. Es war keine Frage.

Menschen können den Schmerz anderer meistens nicht ausstehen. Geschichten über diesen Schmerz konfrontieren sie mit allem, was sie lieber nicht wissen wollen. Wenn das auf einmal doch passiert, wollen die Menschen einem den Schmerz gerne nehmen. Oder sie wollen, wie meine Familie das mit dem Humor versuchte, den Schmerz in den Griff bekommen, aber weil sie nicht den Raum haben, einen Witz zu machen, wenden sie andere Taktiken an.

Am schnellsten kann der Schmerz genommen werden, indem seine Existenz geleugnet wird. Ich habe mir oft genug anhören müssen, dass Babys kein Langzeitgedächtnis haben. Oder mir wurde mitgeteilt, meine Mutter hätte Glück gehabt, weil sie nie in einem Konzentrationslager war und den Krieg überlebt hat. Gerne werden auch ungefragt Lösungsvorschläge gemacht, um den Schmerz, der sich in das Gespräch geschlichen hat, zu nehmen. Therapie, beruhigende Mittel, Solebäder, der Glaube, Yoga, oder dieses eine, besondere Buch.

Mit dem Schmerz anderer umzugehen, ist auch deshalb schwierig, weil er das untergräbt, was die Menschen selbst an Leid verarbeiten mussten. Oh ja, der Holocaust, sagen die Menschen und schlucken, wenn ich von meiner Mutter erzähle. Ja, das ist allerhand. In ihrem Kopf entrollt sich eine Rangliste mit Schmerz, auf der der Holocaust weit oben steht, und dann wird ihnen bewusst, dass sie für den Rest des Gesprächs den Kürzeren ziehen.

»Nein, das geht nicht«, sagte ich zu dem jungen Vater, bevor wir unsere Champagnergläser leerten. »Du hast recht. Davon kann sie gar nichts mitbekommen haben.«

*

Mein Vater legte mir einen Arm um die Schultern, als wir zusammen über das Gelände von Yad Vashem gingen. Ich trug ein mattrosa Shirt mit langen Ärmeln. Auf meiner Brust stand BRUNOTTI und auf meinem Rücken FEELING GOOD HAS A NAME. Mein Vater versuchte, mich aufzumuntern, aber ich war davon überzeugt, noch nicht ansatzweise in die Nähe der Trauer gekommen zu sein. Es war eine Trauer, die ich nicht für mich beanspruchen konnte, sie gehörte meiner Mutter und allen Kindern, deren Namen durch den dunklen Raum geklungen waren. Der Busfahrer trat seine Zigarette aus, als er uns sah.

Wir waren die Letzten, die wieder in den Bus stiegen. Merel warf mir einen schuldbewussten Blick zu, weil ihr Vater neben ihr saß und sie mir keinen Platz freigehalten hatte. Das bedeutete, dass mein Vater und ich uns nebeneinandersetzten. Es war unser letzter Ausflug, morgen würden wir wieder in Tel Aviv ankommen, die Gruppe würde aufgelöst und alle würden zu ihrem eigenen Leben zurückkehren. Bevor der Bus abfuhr, sagte mein Vater: »Ja, Maup. Das war nicht ohne.«

Und ich dachte damals: Und ob, das ist gar nichts. Da ist absolut nichts, worauf aufgebaut werden kann, aus all dem Tod kann nichts erwachsen. Das wussten die Israelis auch, sonst hätten sie die paar armseligen Held*innengeschichten nie dermaßen aufgebauscht.

Das hier, diese Geschichte, ist das Vorland von Nichts.

# Tel Aviv
## Donnerstag, 24. Oktober 1996

Der mittlerweile staubig gewordene Bus brachte uns zurück nach Tel Aviv, zum Flughafen. Ich schrieb schnell eine Karte an meine Mutter und meine Brüder, damit ich sie noch in Israel in den Briefkasten werfen konnte. Ich wollte nicht weg. Ich wollte bleiben und ich wollte, dass mein Leben in verschiedenen Flugzeugen hierherkam. Ein Flugzeug, in dem meine Mutter und meine drei Brüder sitzen würden, ein Flugzeug mit allem, was ich vermissen würde (meine Freund*innen, unseren Hund, meine Hausaufgaben, Lieblingsklamotten, Lieblingsbücher, zu denen auch das Fotobuch über Guns N' Roses gehörte, die Decke, unter der ich gerne schlief, der Geruch der Wiesen am Dorfrand, die Trainingswand des Tennisvereins, die zugefrorenen Wassergräben im Winter).

Auf der letzten Busfahrt sprachen Merel und ich nicht viel. Wir waren dem Ende unseres Zusammenseins jetzt so nahe, dass weitere Gespräche überflüssig wirkten. Ich sah keinen Sinn darin, sie noch besser kennenzulernen, wo sie ja sowieso bald aus meinem Leben verschwinden würde. Im Flugzeug würde sie neben ihrem Vater sitzen und ich neben meinem, genau wie auf dem Rückweg aus Yad

Vashem, so würden wir uns schneller an unsere normalen, separaten Leben gewöhnen. Sie fragte mich, ob ich die Reise benoten wolle, aber das wollte ich nicht. Das erinnerte mich zu sehr an die Schule. Sie gab der Reise eine Eins Minus.

Vor dem Flughafeneingang atmete ich ein letztes Mal den Geruch Israels ein. Der Himmel war bewölkt, aber ich versuchte, noch einmal die Kraft der Sonne zu spüren, die hinter den Wolken hängen musste. Die Frau, deren Tasche ich mehrmals getragen hatte, verabschiedete sich schon von uns, nannte mich wieder einen braven Jungen und sagte danach, sie hasse das Fliegen.

Nachdem das Flugzeugessen serviert worden war, sagte mein Vater, er freue sich darauf, meine Mutter wiederzusehen. Er hat nie aufgehört, all ihre Seiten zu sehen, hat sie nie als ängstliche, abhängige Frau beschrieben, sagt, sobald es um meine Mutter geht, dass sie ein so unglaublich feines Gespür für Humor hat und sich so stilvoll kleidet.

Auf meinem Flugzeugsitz öffnete ich zum ersten Mal in der Woche mein Mathebuch, und dadurch wurde ich sofort in mein normales Leben zurückkatapultiert. Vor den automatischen Schiebetüren der Vorhalle verabschiedete ich mich von Merel. Wir tauschten unsere Adressen aus. Sie gab mir drei Küsschen. Ihre Wangen hatten wieder den normalen Ton angenommen, aber der Geruch nach After-Sun-Lotion umgab sie immer noch. Ihre Mutter und die Schwester, die sie nicht ausstehen konnte, warteten in Jacken gehüllt auf Merel. Sie sahen anders aus als ich sie mir vorgestellt hatte, ausgelassener. Ich wurde ihnen nicht vorgestellt. Mein Vater und ich fuhren mit dem Zug, der enttäuschend gewöhnlich aussah. Das galt auch für alle Niederländ*erinnen, die im Zug saßen. Vor dem Bahnhof stand das Auto meiner Mutter auf dem Gehweg. Sie hatte es eilig und stieg nicht aus, um uns zu begrüßen. Meine Mutter hatte es immer eilig. Auf dem Beifahr*erinnensitz saß eine Freundin, die da öfter saß.

Wir fuhren am Bach entlang ins Dorf. Ich wurde ganz still, starrte aufs Wasser, so wie ich im Keller in Jerusalem das Maschinengewehr angestarrt hatte. Wenn wir im Bach landen würden, würde das Auto volllaufen und ich hatte vergessen, ob wir dann so schnell wie möglich aus dem Fahrzeug müssten oder erst abwarten sollten, bis das Grabenwasser bis zum Autodach gestiegen war. Meine Mutter schaute in den Rückspiegel und fragte, wie unsere Reise gewesen war. Ich antwortete kurz angebunden, weil ich wollte, dass sie sich auf den Weg konzentrierte.

Meine Brüder waren nicht zu Hause. Ich ging in mein hellblaues Zimmer, wo die teilnahmslosen Poster-Spice-Girls auf mich warteten und schaltete das Radio ein.

An meine Jugend erinnere ich mich als eine Zeit der Untätigkeit. Ich hatte nicht das Sagen, handelte kaum, griff nicht ein, stand nicht für mich selbst ein, stellte keine Fragen. Ich hatte nicht das Gefühl, mein Leben selbst in der Hand zu haben, schwamm einfach mit dem Strom. Obwohl ich mitschwamm, konnte ich mich im Strom nicht auflösen. Ich war das Glitzerkind der Jesusklasse, der einzige Junge auf dem Schulhof, der am liebsten mit Mädchen spielte, der Sohn, der drinnen blieb. Ein Klumpen, der im Teig unserer Familie nicht aufgehen wollte.

Auch wenn ich Verbündete wie Judith und andere Freund*innen hatte, auch wenn ich mit einer Freundin sogar eine Zeitschrift bastelte, die wir kopierten und zusammenhefteten, und dann doch nicht verteilten, auch wenn ich unzählige Wochenenden bei einer Familie verbrachte, die übermäßig lieb zu mir war und sogar einen Geburtstagskuchen backte, auch wenn ich mit einem Jungen befreundet war, dessen Mutter jeden Mittwochmittag arme Ritter machte (arme Ritter!), auch wenn ich eine Freundin hatte, die immer über mich lachte und mir all ihre sri-lankischen Kleider zeigte, damit ich eins aussuchte, das sie anzog, aber nicht, bevor sie ihre Beine mit Zwitsal eingecremt hatte, denn »braune Menschen müssen das machen«, auch wenn ich rückblickend unglaublich viele Freund*innen hatte und mein früheres Ich vielleicht sogar als »beliebt« bezeichnen würde, hatte ich, wenn es darauf ankam, keine Person, die für mich in dem Maße einstand, wie ich für sie eingestanden wäre. Wenn Lehr*erinnen uns dazu aufforderten, Pärchen zu bilden, wenn irgendeine Person fragte, mit welcher Person ich am besten befreundet war, wenn meine Mitschül*erinnen von ihren Eltern gefragt wurden, welches Kind sie zum Campen mitnehmen wollten, oder welches mit ihnen durch alle Klassen ging. Wenn es darauf ankam, ließ mich die Welt links liegen.

Mein Zimmer bestand vor allem aus einem Hochbett, also lag ich dort. Ich hörte, wie der Bruder, der blieb, nach Hause kam und wusste augenblicklich, dass sich nichts verändert hatte. Dass ich wieder in die Rolle des stillen, verträumten Kindes zurückschlüpfen würde, das sich langsamer zu bewegen schien als der Rest der Familie.

Das war das Leben, in das ich nur mit Widerwillen zurückgekehrt war. Ich wäre lieber in Israel geblieben, wo ich ein Einzelkind war und wo ich eine beste Freundin hatte, die immer für mich einstehen würde.

Der Bruder, der blieb, riss meine Zimmertür auf. »Maup, du lebst ja noch!«

Franz Kafka hat einmal gesagt, dass er nicht von anderen definiert werden will. Stattdessen wollte er lieber über den Köpfen von Menschen schweben und unbemerkt bleiben, ein transparentes Wesen anstelle einer echten Person. Na ja, Franz, das wollen wir natürlich alle. Nicht greifbar sein, schemenhaft, mysteriös. Und vielleicht wollen Menschen, die sowieso nicht leicht zu fassen sind, das noch lieber. Vielleicht wollen sie aus sozialer Undeutlichkeit vollständige Schemenhaftigkeit machen. Wenn ich nicht ein bisschen verstanden werden kann, dann lieber gar nicht.

Zadie Smith schreibt in *Sinneswechsel*:

> »Kafkas Judentum war etwas wie ein Traum, dessen authentische Augenblicke stets in der verklärten Vergangenheit lagen. Seine Einschätzung des insektenhaften Zustands junger Juden in Innerböhmen könnte es kaum besser treffen: ›Mit den Hinterbeinchen klebten sie noch am Judentum des Vaters, und mit den Vorderbeinchen fanden sie keinen neuen Boden.‹«

Wenn ich ein Käfer wäre mit Hinterbeinen, die an meiner Mutter kleben, dann würden meine mittleren Beinchen zappeln und suchen, schwebend im Jetzt. Aber meine Vorderbeine, die nähern sich einer Zukunft, die sehr stark der Vergangenheit ähnelt. Ich gleiche meiner Mutter in mehr Hinsichten als ich zugeben will. Mein Ursprung ist eine traurige Vergangenheit, aber mein Vorland ist genauso traurig. Hinter mir liegt die Shoah, vor mir das Trauma, das die Shoah bei meiner Mutter ausgelöst hat.

Mit Anfang zwanzig lernte ich endlich Hummus zu schätzen (zusammen mit allen anderen Niederländ\*erinnen). Ich lernte, Latkes zu machen. Ich fand heraus, was ein Luftmensch ist und hatte sofort eine willkommene Erklärung für meine grenzenlose Tollpatschigkeit und mein allgemeines Unwohlsein gegenüber der physischen Welt.

Auch meine Geringschätzung für Sport konnte nun ganz einfach auf meine jüdischen Wurzeln zurückgeführt werden. Und die überanwesende Mutter war die Nachfahrin von Generationen von überanwesenden Müttern. Ich behaupte nicht, dass plötzlich alles Sinn ergab, aber vieles ergab Sinn. Die sechstägige Reise nach Israel markiert den Beginn der Entdeckung meiner jüdischen Identität, eine Aufholjagd, eine Suche nach meinem Platz in einer Welt, die ich Stück für Stück kennenlernte, die aber immer noch nicht greifbar war. Die Bücher, die Musik, das Essen, all das war eine Ableitung des Lebens, das ich in Israel kennengelernt hatte. Ich musste es nicht nur studieren, ich musste es auch leben lernen.

Ich würde noch dreimal in das Land zurückkehren, wo dieses Leben stattfand. Jedes Mal schlug meine Beziehung zu Israel um.

# 2009

Dreizehn Jahre nach meinem ersten Besuch reiste ich mit meinem Vater, meiner Mutter und ihrer Bridgepartnerin Riet nach Tel Aviv. Auch diesmal war es eine Rundreise, besser gesagt eine Bridgereise. Zwei Tage nach unserer Ankunft fuhren wir mit einem Mietauto über die us-amerikanischen Wege von Israel. Auf den Straßen war wenig los, es war ein besonders ruhiger Mittag oder ein besonders ruhiger Ort. Und aus diesem Nichts – die Landschaft eine Ankündigung oder Verabschiedung der Negevwüste – tauchte eine Grenzkontrolle auf.

Es wirkte so, als sei an der Kappe der Soldatin langes, lockiges Haar festgeklebt worden, ihre Augen waren mit schwarzem Make-up umrandet, sie war sehr klein. Die Soldatin streckte ihre Hand hoch, die Schranke war geschlossen, eine Hälfte war oben, eine unten.

Mein Vater fuhr, Riet saß auf dem Beifahr*erinnensitz, meine Mutter und ich auf der Rückbank. Mein Vater fragte nach unseren Ausweisen. Die Hände meiner Mutter zitterten, sie rang nach Worten, konnte ihren Personalausweis nicht finden, wühlte in ihrer Tasche, Medikamente und Lippenstift kamen zum Vorschein, der

unverkennbare Duft ihres Parfums waberte durch die Luft, Lese-
brillen, Zigaretten und Schlüssel wanderten durch ihre Hände. Das
Auto wurde von ihren schnellen Atemzügen erfüllt.

»Heilige Maria«, sagte meine Mutter.

Sie suchte in ihrem Fußraum, in meinem Fußraum, fragte mich,
wo die verfluchten Ausweise waren, schaute noch einmal in der
Tasche nach, die Atemzüge wurden immer hastiger, obwohl mein
Vater in den Rückspiegel sah und immer wieder sagte, er habe sie
schon gefunden, die Pässe längst aus dem Handschuhfach geholt
und sie der Soldatin ausgehändigt, die eine an ihrer Soldatinnen-
mütze befestigte Perücke trug, aber meine Mutter hörte ihn nicht,
hörte auch mich nicht, war auf einmal unglaublich alt, war eigentlich
schon immer alt gewesen, aber jetzt stotterte und schwitzte sie. Das
war das erste Mal, dass ich den Krieg in meiner Mutter sah.

Ich wurde, wie immer, wenn meine Mutter Angst bekam, er-
staunlich ruhig. Ich nahm ihre Hand, flüsterte ihr ins alte Ohr, dass
alles gut sei, dass alles geregelt sei, auch wenn die Soldat*innen, die
mir plötzlich blutjung vorkamen, noch diskutierten. Ich fragte sie,
ob es wieder ginge. Ja, sagte sie. Sie verstehe nur nicht, warum mein
Vater nicht einfach gesagt habe, dass er die Ausweise hatte.

# 2011

Bis zu meiner ersten Reise nach Israel bestand meine Identität zum Teil aus einer maasländischen Gärt*nerinnenfamilie, und zu einem viel kleineren Teil aus einer Kriegsgeschichte. Meine Israelreisen hatten diese Kriegsgeschichte durch etwas ergänzt, das keine Trauer war, nicht von Schmerz gekennzeichnet war, sondern von Erstaunen, von Liebe. Heute ist es beschämend und unvorstellbar, aber damals war Israel für meine Identität noch eine ziemlich unproblematische Quelle.

Zwei Jahre nach der Bridgereise kehrte ich in das Land zurück, in dem Jüd*innen mehr waren als Opfer, Überlebende, Gläubige oder Auserwählte. In Israel waren Jüd*innen jemenitisch, homosexuell, unfreundlich, us-amerikanisiert, redegewandt, unwiderstehlich, missmutig, handysüchtig, mediterran, sportlich, mystisch, weiß, braun, Schwarz, polnisch, russisch, basketballbegeistert, kunstinteressiert, rechts, links, pazifistisch, militarisiert, ungläubig, orthodox, und vor allem: geil.

Israelische Männer waren braungebrannt, bärtig, hatten sanfte Stimmen. Das galt jedenfalls für Oren, in den ich mich in den drei Wochen bis über beide Ohren verknallte.

In den Niederlanden überprüfte ich die Möglichkeit, *Alija zu machen*, »aufzusteigen«. In diesem Fall in Heiligkeit, der Begriff und die Handlung gründen auf der Annahme, dass alle Jüd\*innen das Recht darauf haben, nach Israel umzuziehen, weil es das Land ist, das Gott für das jüdische Volk geschaffen hat. Wenn ich nachweisen konnte, dass ich jüdisch bin (und das konnte ich mit dem Familienstammbuch meiner Großeltern, von dem meine Mutter nicht weiß, wie es überhaupt in ihren Besitz gelangt ist), würde ich vom Staat ein Visum, ein Flugticket, eine Krankenversicherung, einen Sprachkurs, ein Studium, Steuervorteile und Wohnraum bekommen. Solange ich keinen Job hätte, bekäme ich Sozialhilfe.

Das Rückkehrgesetz, das diese Regelung ermöglicht, stammt aus dem Jahr 1950. 2017 und 2018 haben es ungefähr dreißigtausend Menschen aus der ganzen Welt genutzt. Eine Nation benötigt nicht nur eine Flagge und eigene Geschichten, sondern auch Menschen. Der Konflikt, der zwischen Israel und den palästinensischen Gebieten herrscht, handelt von Religion, Identität, Geschichte und Zahlen. Je mehr Jüd\*innen, desto größer die Wahrscheinlichkeit, dass Israel gewinnt. Mit der Erfüllung meines Wunsches würde ich ein Bestandteil des zionistischen Traums werden.

Während des Konflikts über die »Gründung« von Israel im Jahr 1948 wurden siebenhunderttausend Palästinen\*serinnen aus ihren Häusern vertrieben und mussten flüchten. Die Palästinen\*serinnen verweisen mit dem Wort *Nakba* auf diese Vertreibung, das genau wie Shoah »Katastrophe« oder »Unglück« bedeutet. Unzählige Dörfer wurden verwüstet. Seit dem Sechstagekrieg von 1967 wurde der Bau von illegalen Siedlungen im Westjordanland unvermindert fortgeführt. Israel ignoriert internationale Abkommen und hat in dem Gebiet in einem halben Jahrhundert der militärischen Regierung große Landstriche eingenommen und sechshunderttausend Israelis in hunderten von Siedlungen wohnen lassen – unter deutlich besseren Umständen als ihre palästinensischen Mitmenschen. Die Palästinen*serinnen, die in besetzten Gebieten wohnen, sind staatenlos, sind ständig von israelischen Soldat*innen umgeben, haben keinen Zugang zu einem guten Gesundheitswesen, keine Kontrolle über Wasserlieferungen, und dürfen die Gebiete nicht nach Belieben verlassen.

Und ich, ich würde es direkt zum Erste-Klasse-Bürger bringen.

Online las ich von unzähligen Vorteilen, die mir eine Emigration nach Israel bringen würde. Danach war mir klar: Wenn ich Alija machte, würde ich nur von den Verbrechen des israelischen Staates profitieren. Also entschied ich mich dagegen. Das Gelobte Land war ein Land der Maschinengewehre, der Angst und der grenzenlosen Ungerechtigkeit – und damit wollte ich nichts zu tun haben.

Kurz danach bandelte Oren wieder mit seinem Ex an. Ich hatte nicht nur Liebeskummer, sondern spürte auch einen anderen, tiefer verankerten Schmerz, weil mit Oren auch etwas anderes außer Reichweite bleiben würde: Meine jüdische Identität würde keinen Platz bekommen sich weiter zu entfalten.

# 2018

Israel frustrierte und betrübte mich immer mehr. Mit jeder Nachrichtensendung stimmte mich der moralische Kompass der Regierung, die Menschenrechtsverletzungen und die Zukunft der Palästinen*serinnen missmutiger. Ich wollte die unmenschliche Politik des Staates nicht durch einen Urlaub bagatellisieren. Ich wollte den israelischen Militarismus nicht mehr durch Cheesecake- und Kaffeekäufe unterstützen. Ich wollte meine Liebe für das Land gegen Betroffenheit und Skepsis eintauschen.

Wenn ich versuche, über einen Ex hinwegzukommen, konzentriere ich mich auf seine negativen Eigenschaften. Das mache ich so lange, bis alles dafür spricht, sich von ihm abzuwenden. So machte ich das auch mit Israel, und genau wie bei meinen Ex-Partnern funktionierte es.

Mein persönlicher Boykott hielt sieben Jahre an. Bis zum letzten Jahr als mein Freund nach Israel wollte, weil er dachte, dort einen Teil von mir kennenzulernen. Ich erzählte ihm von dem mir selbst auferlegten Reiseverbot. Er antwortete, dass wir auch die palästinensische Seite besuchen müssten und riet mir, über unsere Reise zu schreiben, so könne ich etwas bewirken.

Mein Freund hat einen ghanaischen Vater und eine niederländische Mutter. Zusammen bilden er und ich einen Clusterfuck der Identitäten. Es ist nicht einfach, ein Urlaubsziel zu bestimmen: »Da sind sie homophob«, »da hassen sie People of Color«, »da sind sie antisemitisch«, »ja, da sind sie homophob, rassistisch und antisemitisch«. Über Israel stellten wir uns diese Fragen auch.

Rassistisch? In gewisser Weise ist das ganze Land auf Rassismus begründet. Antisemitismus? Nicht da, wo wir hinwollen. Na ja, in Ramallah vielleicht schon.

Homophob? Nicht mehr als in den Niederlanden. Na ja, abgesehen von Ramallah vielleicht?

Wir flanierten in jener Woche durch ein heißes Tel Aviv, wo wir gegrilltes Lammfleisch und Bratkartoffeln aßen und alle, mit denen wir sprachen, uns sagten, eine Reise in die palästinensischen Gebiete sei für eine Person wie mich, eine Person mit einem vermeintlich jüdischen Aussehen, gefährlich. Am vorletzten Tag unserer Reise machten wir es trotzdem.

Vorsichtshalber ließ ich meine Kippa in unserer Ferienwohnung und mein Freund und ich legten die hellroten Kabbala-Armbänder ab, für die wir viel zu viel Geld ausgegeben hatten.

Auf dem Hinweg tauchte die Mauer auf, die Schlange aus meterhohen, aneinandergereihten Betonblöcken, die Israel errichtet hatte, um sein Gebiet vom palästinensischen Gebiet abzugrenzen. Es war verstörend, dass das Ding echt war, dass es nicht nur eine Idee war, sondern die Wirklichkeit. Diese Landschaft hatte wirklich eine faschistische Narbe davongetragen. Ohne Stopp durfte der Bus den Checkpoint passieren.

Mein Freund fand es in Ramallah netter als auf der israelischen Seite. Die Musik, die aus den Autos und tragbaren Lautsprechern schallte, das Essen, das in Schalen über den Gehweg getragen wurde, die Kinder, die uns anstarrten, beruhigten ihn und mich. Ich konnte mir mit meinem Handy nicht die vorher abgespeicherten Orte bei Google Maps ansehen. Später fand ich heraus, dass Google Maps im palästinensischen Gebiet nicht funktioniert, weil das Unternehmen das Gebiet nicht anerkennt und deshalb auch nicht erkennt. Wir fragten nach dem Weg, aber das Englisch der Menschen, die wir ansprachen, war nicht besonders gut.

Wir gingen in ein Museum, wir aßen Sushi, tranken Saft, machten die wenigen Sachen, die wir in einer Stadt machen konnten, die nicht auf Tourismus ausgerichtet ist. Während wir den Bus suchten, der uns wieder zurückbringen sollte, kam ein Mann mit Mütze auf uns zu. Er starrte mich an, schien meinen Freund gar nicht wahrzunehmen. In dem Moment, in dem er an mir vorbeiging, flüsterte er mir zu: »You're sexy«. Und damit rettete er meinen Tag, meine Woche, mein Jahr. Nicht, weil er mir ein Kompliment machte, sondern weil er mir den Kopf wusch. In einer Stadt, in der ich dachte, alles verbergen zu müssen, sagte er etwas, was ich mich nie getraut hätte, auch wenn es nur geflüstert war.

Auf dem Rückweg stoppte der Bus vor dem Durchgang in der Mauer. Vor und hinter uns Dutzende Autos. Sobald wir stehen blieben, stiegen drei Viertel der Mitfahrenden aus. Sie wurden dazu gezwungen, zu Fuß den Checkpoint zu passieren. Nur Tourist*innen, ältere Menschen und Kinder durften sitzen bleiben, hatte der Museumsleiter uns instruiert.

Danach standen wir ungefähr zwei Stunden lang, bevor zwei junge, israelische Soldaten mit Maschinengewehren in der Hand durch den Gang liefen. Die Situation, in der Menschen in einem Bus sitzen und im schmalen Gang bewaffnete Teenager herumlaufen, war unglaublich einschüchternd, sogar für uns, obwohl wir auf all unsere niederländischen Privilegien zählen konnten.

Die beiden bewaffneten Soldaten verhörten eine der älteren Frauen im Bus. Wir merkten, dass die Frau Witze machte, um die Situation zu entschärfen. Das passte den Soldaten nicht. Die Frau schluckte ihre Witze herunter, während sie einen Verweis bekam. Ich schmeckte die Erniedrigung in meinem Mund.

Nach meiner letzten Israelreise wurde mir klar, dass ich sehr gut ein Land lieben und gleichzeitig die Verbrechen, die im Namen der Regierung begangen werden, verurteilen kann. Mich von Israel abzuwenden bedeutet auch, wegzuschauen, und dann könnte ich absolut nichts bewirken.

Ich habe schon viel zu oft zugelassen, dass sich Störfaktoren zwischen mich und meinen jüdischen Hintergrund schoben. Erst war da der große Kummer wegen des Kriegs, der verhindert hat, Nähe aufzubauen, danach der Mangel an jüdischen Artefakten auf dem Dachboden meiner Eltern, da war Angst, Verlegenheit, da war der Glaube, mit dem ich aufgezogen worden bin, der mich von der Synagoge fernhielt. Die Perversität der Besetzung wird nicht länger einen solchen Störfaktor darstellen.

# Maasland
## Freitag, 13. März 2020

Die Teller mit den Schawarma-Resten stehen noch auf dem Tisch. Blumenkohl und Linsensuppe wurden verputzt, meine Mutter isst tüchtig weiter. Auf ihrem teuren Jogginganzug ist ein Fleck zu sehen. Das Luftfiltergerät springt grundlos an.

»Weißt du, was befreiend ist?«, sagt meine Mutter, während sie sich eine Kartoffel in den Mund steckt. »Zu sagen, dass ich ein Kriegsopfer bin.«

»Und warum?«, frage ich.

»Vielleicht, weil die Leute mich dann verstehen, wenn ich etwas Komisches mache.«

»Aber du machst doch nichts Komisches?«, sage ich.

»Und ob. Die Leute verstehen mich nicht. Aber gut, alle haben ihr Päckchen zu tragen. Damit ist jeder Mensch allein.«

Vor ein paar Wochen war sie im Kino. Ich erinnere sie daran, dass sie sich das früher nicht getraut hat.

»Ich war bestimmt fünfzig Jahre nicht im Kino.«

Meine Mutter spricht mit vollem Mund. Ich muss mich zurückhalten, das nicht zu kommentieren.

»Aber es war unglaublich schön. Ich glaube, ich werde das jetzt öfter machen. Es geht mir jetzt besser. Aber ich will nicht, dass es noch besser wird.«

Ihr schallendes Lachen, eine Lachsalve, der Donner, der zum Soundtrack unseres Hauses gehört.

Jeden Morgen fährt sie mit dem Auto zum Fitnessstudio, wo sie trainiert und Mini-Stroopwafels isst. Sie hat einen Personal Trainer, mit dem sie sich, wie mit allen anderen auch, angefreundet hat. Einmal ist er mit in den Urlaub gefahren und sie konnte in der prallen Sonne Sport machen. Zwei der Küchenschränke sind mit homöopathischen Mitteln und Vitaminen bestückt, die sie einnimmt. Sie trinkt ausschließlich Wasser und Kaffee. Abgesehen von ihrer Nikotinsucht steht alles im Zeichen des Überlebens. Das ist ihre tägliche Beschäftigung. Natürlich geht es im Grunde für alle bei allen Tätigkeiten ums Überleben, wenn unsere Beschäftigungen aufs Wesentliche reduziert werden, aber bei meiner Mutter findet das Überleben nicht im Hintergrund, sondern im Vordergrund statt. Jeden Tag führt sie sich Medikamente in der Form von Gesellschaft, Telefonaten, Mineralwasser, Freund*innenschaft, Mayonnaise, Liebe, Nickerchen, WhatsApp-Nachrichten und Bratkartoffeln zu.

Und es funktioniert. Meine Mutter hat es geschafft, sich selbstheilende Fähigkeiten zu erschließen, steht in Flugzeugen keine Todesängste mehr aus, erinnert sich kaum noch daran, dass sie von dieser Angst geplagt wurde, obwohl sie ganz schön theatralische Ausmaße angenommen hatte. Sie traut sich, mit ihrem Auto immer weiter von zu Hause wegzufahren, ohne dass irgendeine Person neben ihr sitzt. Sie überlegt sogar, allein nach Rotterdam zu fahren. Es ist beeindruckend, wie sie es schafft, ihr ängstliches Ich abzuschütteln.

Es erfüllt mich mit Stolz, dass ich eine Mutter habe, die ihre Einschränkungen immer wieder herausfordert, aber viel lieber wäre es mir gewesen, wenn sie nie so stark hätte sein müssen. Ihre Freund\*innen werden krank oder sterben, aber meine Mutter gewinnt jedes Jahr an Resilienz.

Sie legt eine Kartoffel zurück auf ihren Teller und schiebt den Stuhl zurück. Sie richtet sich auf, zieht ihren grau-rosa Jogginganzug straff und zeigt ihren Körper. Sie sei nicht unbedingt dünner, aber stärker geworden, sagt sie. Ihr Rücken sei nicht mehr so krumm. Sie sei stolz auf ihren Hintern.

»Das hier ist nicht der Hintern einer sechsundsiebzigjährigen Frau«, sagt sie, während sie ihren Pulli hochhält. »Oder?«

*

Traumata nisten sich im Körper ein. Der Kopf meiner Mutter schwebte bis vor ein paar Jahren vor ihrem Oberkörper, ihr Nacken war immerzu gewölbt.

Ich habe eine Skoliose, einen kleinen Höcker zwischen meinen Schulterblättern und eine Asymmetrie in meinem unteren Rücken, die mir täglich Schmerzen bescheren. Auch die Rücken vom Bruder, der fortging, und vom Bruder, der es auch spürte, sind krumm, nur der Bruder, der blieb, ist diesem Familienfluch entkommen. Und meine Mutter mittlerweile auch, sie hat ihren Buckel durch Sport bezwungen.

Meine Eltern wären nicht meine Eltern, wenn sie keine entgegengesetzten Bewegungen machen würden. Meine Mutter wird stärker, mein Vater sagt mir, die Vorgeschichte meiner Mutter mache ihm immer mehr zu schaffen.

Vor einer Woche habe ich ihn im Urlaub angerufen. Die ganzen Nachrichten über das Virus hatten mich beunruhigt, ich lauschte auf seine Atmung, fürchtete mich vor Hustenanfällen, die aber nicht kamen. Ich fragte ihn, warum es ihm immer mehr zu schaffen machte.

»Ich hatte gehofft, es wäre reparabel«, sagte er.

Ich dachte an das endlose Herrichten und Aufräumen an den Wochenenden, die Versuche, das Haus in Ordnung zu bringen, das meine Mutter, meine Brüder und ich die Woche über in Chaos verwandelt hatten.

»Je älter ich werde, desto klarer wird mir, dass es keine Lösung gibt. Die alten Ängste und der alte Schmerz sind immer noch da. Es geht deiner Mutter zwar besser, sie ist etwas selbstständiger geworden, und ich finde das wirklich stark von ihr, aber es gibt keine Läuterung. Deiner Mutter wird es nie einfach nur gut gehen.«

»Obwohl das Leben genau das verspricht? Die Erlösung?«

»Ja, genau.«


Vielleicht unterschätzt er sie, und meine Mutter macht gerade eine Aufholjagd, die er nicht wirklich wahrnimmt. Menschen sind oft nicht dazu fähig, Verwandlungen und Charakterveränderungen von Familienmitgliedern wahrzunehmen, ihnen fehlt der Abstand.

Meine Mutter sagt, sie überlege, bald eine Nacht allein zu schlafen. Im eigenen Haus, ohne dass eine andere Person da ist. Ich versuche, meine Begeisterung nicht zu deutlich zu zeigen und sie vorsichtig zu ermutigen, aber sie scheint ihre Worte sofort zu bereuen.

»Du kannst nachts immer zum Bruder, der blieb«, sage ich.

»Ja, das stimmt.«

Meine Mutter macht einen Schritt vorwärts, aber ich mache, genau wie mein Vater, eine entgegengesetzte Bewegung. Ich werde immer ängstlicher, habe immer mehr Probleme damit, allein zu schlafen, habe die Flugangst meiner Mutter. Wenn ich in einen Saal komme, suche ich nach den Notausgängen, ich meide tiefe Gewässer, die Dunkelheit, Hühner und Vögel im Allgemeinen, betrunkene Männer, große Menschenmengen, Tanzveranstaltungen und Achterbahnen. Ich habe Angst vor abgelegenen Straßen, engen Räumen, traue mich nicht, mich zu übergeben, fürchte kleine und große Höhen, den Zahnarzt, Ärzt*innen im Allgemeinen, bin beunruhigt, was die Verwundbarkeit meines Körpers angeht und die Verletzbarkeit der Körper der Menschen, die ich liebe, ich erschrecke mich bei jedem noch so kleinen unerwarteten Geräusch, sehe in nahezu jeder Situation eine potenzielle Gefahr, stelle mir die schlimmsten Sachen vor, wenn meine Eltern wegfahren. Dann sehe ich vor mir, wie sie unterwegs in einem Graben landen und sich nicht aus dem Auto befreien können, bilde mir ein, das orange Hämmerchen ist verloren gegangen. Ich kann bei dem Gedanken an einen angstvollen Moment einfrieren, das eine Mal, als ich mich gedankenlos auf das Geländer eines Balkons setzte, oder damals, als ich beinahe angefahren wurde.

Der Mann ohne Gesicht hält mich nach all den Jahren immer noch wach, steht immer noch zwischen mir und dem Vorzimmer zur Nacht. Er ist eine Kinderangst, die ich nicht überwinde.

Es gibt Nächte, in denen ich, ohne an ihn zu denken, einschlafe, aber die Sorgen meines wachen Ichs nur gegen die Angst meines schlafenden Ichs eintausche und mich in lebensechte Albträume verstricke.

Nicht selten schreie ich mich dann selbst aus dem Schlaf, manchmal auch andere. Mein Freund hilft mir dabei, wach zu werden, wenn er hört, wie ich gegen die eingebildeten Kräfte grolle und kämpfe. Wenn ich dann aufwache, küsst er meinen Rücken. Die Küsse spenden Trost, sie helfen mir. Aber ich will nicht von meinem Freund abhängig werden, will ihn nicht jede Nacht brauchen, um den Mann ohne Gesicht und die Albträume abzuwehren.

Meine Ängste und Sorgen führen zu Unruhe, Muskelverspannungen, Schlafproblemen, hindern mich an schlechten Tagen daran, rauszugehen, sorgen dafür, dass ich mich der Welt entziehe. Vor einem Jahr gab mein Psychologe all meinen Beschwerden einen Namen: »generalisierte Angststörung«.

Ich kann mich nicht daran erinnern, jemals angstfrei gewesen zu sein. Auch in meiner frühesten Jugend erfuhr ich schlummernde Gefahr und konstante Wachsamkeit. Bei meiner Mutter war das anders, bis zu ihrem dreißigsten Lebensjahr war sie sorglos, verwegen sogar, bis sie von sich selbst eingeholt wurde, Probleme durch das bekam, was sie ihr »Syndrom« nennt.

*

Als meine Mutter Anstalten macht, die Schawarma-Teller abzuräumen, traue ich mich endlich, sie zu fragen, wann sie zum ersten Mal Angst hatte, und wieder entdecke ich eine Spiegelgeschichte.

Vor dieser Spiegelung erschrecke ich: Das Wiedererkennen tröstet nicht, sondern verletzt.

»Ich war ungefähr dreißig. In meinen Dreißigern würde ich sagen. Ich machte mich von der Arbeit im Stoffladen auf den Heimweg. Ich ging durch eine Einkaufsstraße im alten Zentrum von Delft.

Plötzlich wurde alles ganz komisch. Als würde ich mich nicht mehr unter den Lebenden befinden. Ich spürte den Boden nicht mehr. Und in meinem Kopf tauchten lauter komische Bilder auf.«

Ich schaue auf die Hände meiner Mutter und werde zu jenem Morgen vor neun Jahren zurückkatapultiert. Ich war siebenundzwanzig, hatte eine Verabredung in einem Café, aus dem ich sofort flüchten musste, weil der Geruch von Kaffee übermächtig war. Ich roch nicht nur den Kaffee, sondern Berge frisch gebrannter Bohnen. Ich beschloss, mich draußen hinzusetzen, das Wetter war ganz okay.

»Mein Kopf füllte sich weiter mit komischen Bildern. Mir kam die Idee, irgendeinen Menschen anzusprechen. Ich befand.mich in einem Kokon und dachte nur: ›Ich muss mit irgendeinem Menschen reden. Ich muss es aus meinem eigenen Kopf, aus meinen Gedanken schaffen.‹

Ich fragte eine wildfremde Frau, ob sie Kaffee trinken wollte. Ich sagte zu ihr: ›Sie könnten einen Kaffee vertragen‹. Und sie stimmte zu. Während wir redeten, wurde ich langsam ruhiger. Danach ging ich wieder allein durch die Stadt, zum Auto. Aber ich merkte, dass ich nicht Autofahren konnte.

Und plötzlich hörte ich nichts mehr, alle Geräusche wurden ausgeblendet. Ich wollte irgendeine Person ansprechen, aber da war weit und breit kein Mensch.«

Die beiden jungen Männer, mit denen ich 2011 verabredet war, setzten sich zu mir. Wir bestellten. Schon bald konnte ich dem Gespräch nicht mehr folgen. Ich hörte die beiden Männer, die neben mir saßen, nicht mehr. Ich schloss die Augen in dem Versuch, sie besser zu verstehen, aber alles, was ich hörte, waren die Möwen, die hoch über mir flogen, und die Autos auf den Straßen in der Ferne.

Ich stand auf, ließ die beiden nicht zu verstehenden Männer zurück. Hinter der nächsten Biegung setzte ich mich auf die Treppenstufen eines Gebäudes. Ich klammerte mich am gusseisernen Tor fest und versuchte, meine Atmung zu kontrollieren.

»Ich sah einen Bekannten an der Bushaltestelle. Ich kannte ihn zwar nicht besonders gut, aber ich fing ein Gespräch mit ihm an, und da kamen die Geräusche zurück. Danach ging es wieder.«

Ich bekam von einer Freundin, die zufällig vorbeiradelte, eine Papiertüte. Meine Schläfen prickelten, ich sagte, ich wolle ins Krankenhaus. Ein Taxi wurde gerufen.

»Ich kam nach Hause. Dort setzte ich mich auf einen Stuhl.«

Der Arzt in der Ambulanz sagte, dass es wahrscheinlich eine Panikattacke war, aber ich müsse bleiben, weil mein Puls außergewöhnlich hoch sei. Ich darf Sie so nicht gehenlassen, sagte er. Ich musste mit dem Fahrstuhl fahren, ins Bett und an die Herzüberwachung. Da blieb ich einen Mittag und einen Abend. Die visuelle Wiedergabe meines Herzschlags sorgte nur dafür, dass ich mein Herz und meine Atmung noch bewusster wahrnahm. Ich rief den Bruder an, der es auch spürte, erzählte ihm, was passiert war, und bat ihn darum, unseren Eltern nichts zu sagen.

»Ich blieb auf dem Stuhl sitzen. Ab dem Tag arbeitete ich nicht mehr im Stoffladen. Dein Opa und deine Oma kamen jeden Morgen um halb sieben vorbei, kurz bevor dein Vater zur Arbeit musste. Sie blieben bei mir, bis dein Vater am frühen Abend wieder nach Hause kam.

Ich saß einfach nur auf diesem Stuhl. Ich traute mich nichts mehr. Und mein Vater betete. Er sagte zu mir: ›Du schaffst das. Du musst da jetzt durch. Danach haben wir wieder ein gutes Leben.‹«

In den Wochen nach dem Krankenhausaufenthalt wurde ich im Theater, auf der Toilette eines Cafés und im Albert Heijn von Panikattacken heimgesucht. Danach überkam mich jedes Mal eine Müdigkeit, die mich ans Bett fesselte, und ich traute mich nicht mehr, diese Orte aufzusuchen. Als meine Schläfen während eines Seminars in der Kunstakademie anfingen zu prickeln, flüchtete ich auf die Toilette und befürchtete, dass ich mein letztes Jahr an der Uni abbrechen musste. Meine Dozentin fragte nach der Stunde, was mit mir los sei. Ihrer Meinung nach durfte ich genau eine Sache nicht machen: die Orte meiden, an denen mich die Angst überrollt hatte. Denn dann bleibst du zu Hause, sagte sie, und da kommst du dann, so wie ich vor ein paar Jahren, nicht mehr weg.

Ich kämpfte gegen mein Gefühl an und kehrte an die Orte zurück, die mir Angst einjagten. Ich schloss mein Studium ab, während die Panik immer in Reichweite war. Das blieb jahrelang so, dicht unter der Oberfläche befand sich eine unbezwingbare, besorgte Energie, die nicht zu mir zu gehören schien, aber zu mir gehörte.

Ich zog mit einer Person zusammen, die fast nie zu Hause war. An schlechten Tagen traute ich mich nicht in den Supermarkt. Das war unpraktisch, denn wenn ich nicht zum Supermarkt ging, hatte ich kein Essen und bekam Hunger, und wenn ich hungrig war, nahm die Angst zu.

Das Gefühl war stärker als meine Gedanken. Ich hatte Angst, meine vertraute Umgebung zu verlassen, Angst vor den Blicken anderer, vor ihrer Verurteilung, Angst vor meiner eigenen Angst, Angst, ich müsste mich übergeben, Angst, ich würde ohnmächtig, Angst davor, die automatischen Türen würden nicht auf meinen Körper reagieren und verschlossen bleiben, obwohl ich wegwollte, zurück musste zu dem Ort, an dem ich relativ sicher war.

Ich erzählte keinem Menschen von meinen Ängsten, auch meinem Freund nicht, mit dem ich zusammenwohnte. Damals dachte ich nicht an eine mögliche Parallele zu meiner Mutter, sondern an den Spiegel, den der Bruder, der fortging, darstellte. Seit dem Tag, an dem er am Gartentisch gefragt hatte, wo unsere Haustürschlüssel waren, hatte ich mir vorgestellt, dass ich irgendwann eine ähnliche Angst empfinden könnte. Während ich mich selbst von allem Rationalen forttreiben sah, dachte ich an meinem Bruder, an seine wirre Phase, und wie die zu einer monatelangen Quarantäne im Sanatorium geführt hatte. Dass mein Bruder, der es auch spürte, immer wieder sagte, wie sehr mein Gesicht ihn an das unseres ältesten Bruders erinnerte, war keine große Hilfe.

»Die Angst saß in meiner Seele. Das ist schwierig zu erklären. Ich hatte keine Angst vor einem bestimmten Mann oder einer bestimmten Frau. Es war eine Angst, die mein ganzes Wesen durchzog.

Der Glaube half mir nicht. Ich hatte keinen Kontakt. Mit keiner Menschenseele. Auch nicht mit Gott.

Ich ging zum Hausarzt. Er sagte, meine Beschwerden hätten mit dem Krieg zu tun, davon habe er gelesen. Ich glaube, es gefiel mir, dass es mit dem Krieg zu tun hatte, dadurch wurde es weniger merkwürdig. Damals habe ich eine Zeit lang Morphium genommen. Das half, aber nicht immer. Die echten Ängste kamen nachts. Und dann musste der Arzt kommen.«

Auch ich fand die Nächte am schlimmsten. Das war schon als Kind so, und so war es in der Zeit, als ich die Panikattacken hatte, und das ist auch jetzt noch so. Ich konnte den Mann ohne Gesicht immer noch nicht abschütteln, es gibt immer noch genug Abende, an denen ich ihn in Gedanken durchs Treppenhaus gehen sehe, mit einer Brechstange in der Hand.

»Schon bald bat der Hausarzt bei einer jüdischen Institution um Hilfe. Aber es gab noch keine passende Therapie für Leute wie mich.

Ich bin vier Monate lang zu Hause geblieben. Vielleicht sogar sechs, ja, ich glaube, es dauerte sechs Monate lang. Nach ungefähr sechs Monaten konnte ich wieder einkaufen gehen, aber ich musste das Auto auf dem Parkplatz sehen können. Das dauerte zwei Jahre lang. Dein Vater und ich besuchten in der Phase keine anderen Leute, wir haben jedes Wochenende zu zweit verbracht.«

Ich frage meine Mutter, ob sie die Angst von damals manchmal noch spürt. Nein, sagt sie. Sie habe sich besser um sich gekümmert. Allmählich hatte sie weniger Angst, auch wenn manche Sachen weiterhin schwierig blieben.

»Hast du je Angst gehabt, dass deine Kinder die gleichen Symptome bekommen könnten?«

»Ja, habe ich.«

Die Angst war berechtigt, wie die Psychose meines Bruders zeigte. Erst habe sie gehofft, dass er Drogen nahm, dass der Wahn meines Bruders die Folge einer dummen Entscheidung war. Als sich das nicht bewahrheitete, vermutete sie, seine Krankheit sei die Folge ihres Traumas, und meine Eltern beschlossen, die Hilfe des fischglasförmigen Sanatoriums in Amersfoort in Anspruch zu nehmen. So wurde es bei uns zu Hause immer genannt, »Amersfoort«, als sei der Bruder, der fortging, einfach dorthin gezogen.

Meine Mutter erzählte mir, dass sie uns als Kinder an der langen Leine gelassen hatte. Sie war nie besorgt. Sie macht sich immer noch keine Sorgen, vor allem nicht um mich. »Bei dir läuft es einfach gut.«

Das denkt sie, weil ich ihr nie etwas anderes als »gut« zeige. Das Mindeste, was ich tun konnte, war, perfekt zu sein. Von klein auf habe ich mich überverantwortlich und spiegelglatt gegeben, und dieses Image kann ich nicht mehr abstreifen. Es ist viel zu spät für eine Pubertät, für ein Nein, für Ehrlichkeit.

Meine Mutter geht nach oben. Sie hat Lust, ein Bad zu nehmen. Ich bleibe am Tisch sitzen, die dreckige Tischdecke vor mir, dahinter die Schiebetür aus Glas, die auf den gepflasterten Hintergarten hinausgeht.

Oft, wenn ich von diesem Platz aus in den Hintergarten schaue, die Pflastersteine sehe, und wie sie von den Fensterrahmen aus Aluminium umrandet werden, denke ich an einen Moment zurück, der sich genau hier abgespielt hat.

Ich war allein zu Hause, ich war fünfzehn. Meine Mutter war Bridge spielen. Wenn ich allein zu Hause war, hatte ich meine Ruhe, aber ich war auch immer auf der Hut. Ich habe wahrscheinlich ferngesehen und keine Limo getrunken, denn die gab es nur an Geburtstagen. Ich war vermutlich müde, es war spät. Die Schiebetür zum Hintergarten war offen. Dahinter war es dunkel, obwohl die Außenlampe brannte.

Ich erinnere mich noch sehr gut an dieses Bild, zu gut eigentlich. Ich lief auf dem Weg zur Küche an der Glasfront vorbei, bis ich nicht weitergehen konnte. Unter der Außenlampe stand eine Gestalt, eine schwarze Silhouette. Sie bewegte sich, kam in meine Richtung.

Genau, wie ich es mir all die Jahre vorgestellt hatte. Das Bild existierte, bevor es geschah.

Ich konnte in dem Moment nicht viel machen, ich blieb stehen und schrie. Im Haus meiner Eltern, mit nackten Füßen auf den beigebraunen Fliesen, schrie ich. Nein, ich rief. Ein unglaublich lautes Nein, das erst unterbrochen wurde, als sich der schwarze Fleck in meinen Vater verwandelte und er mich beschwichtigend in den Arm nahm. In seinen Armen war ich plötzlich ein Kind.

Ich weiß nicht, was ich bin. Das ängstliche Wesen, das nicht einschlafen kann, weil es den Drang, zur Tür zu schielen, nicht unterdrücken kann, das Szenario, das ich immer noch vor mir sehe, nicht mehr unterdrücken kann. Oder bin ich der vernünftige Mensch, der tagsüber zur Arbeit geht, viele Freund*innen hat, eine gesunde Beziehung führt, seine Hypothek abbezahlt? Das Korsett, das ich mir als Kind angelegt habe, und das nur schwer abzustreifen ist, wurde nicht nur aus Nettigkeit gefertigt, sondern auch, um unnahbar zu wirken. Als ich bei meiner zweiten Fahrprüfung eine Panikattacke bekam, glaubte mir der Prüfer nicht, weil ich so ruhig aussah. Ich sehe fast immer ruhig aus. Das ist gegen meinen Willen meine Standardausrüstung.

*

Unter der widerspenstigen Ruhe brodelt es. Die Reise nach Israel, die ich mit zwölf gemacht habe, hat mich aufgeweckt. Ich war wach und anwesend und ich spürte, wie meine Brust sich ausdehnen wollte, mein Skelett aber zu klein war, ich spürte, vielleicht sogar zum ersten Mal, dass ich nicht für immer im Schatten meiner Eltern und Brüder stehen würde, nicht für immer in der sicheren Position des Jüngsten verharren könnte, ich würde das Leben nicht immer als etwas erfahren, was anderen zustößt, musste eine Person werden, ein Erwachsener, ein Mensch.

Als Merel mir erzählte, dass es ein Szenario gab, in dem ich jüdisch war, wurde mir eine Möglichkeit geboten, eine Person zu werden, die über das Werkzeug, das ich von meinen Eltern bekommen hatte, hinauswachsen konnte. Als ich sah, wie ein Junge an der Klagemauer Anspruch auf seine Mündigkeit erhob, verglich ich unsere Körper, ich sah, wie viel breiter seine Handgelenke waren und ich begriff, dass ich mich beeilen musste, dass das Leben längst ohne mich angefangen hatte. In Yad Vashem stand ich in einem labyrinthhaften Gebäude, das, genau wie viele andere Gebäude, das große, alles überschattende Narrativ des Holocausts erzählte, aber dort musste ich gar nicht erst suchen, stattdessen musste ich die Geschichte meiner Mutter kennenlernen, soweit das möglich war. Ich musste aufmerksam sein, wenn sie etwas erzählte, wie unverständlich die Fetzen auch waren, ich musste sie abspeichern. Ich musste Bücher von jüdischen Schriftstell*erinnen lesen, aufmerksamer *Die Nanny* schauen. In jener Woche nahm vieles seinen Anfang, aber ich wusste nicht, welchen Weg ich schon damals eingeschlagen hatte, wie sehr ich schon dabei war, meine Mutter zu werden.

Ich mag Spiegelgeschichten, suche aktiv nach ihnen. Die gnadenloseste Spiegelung, die ich kenne, ist diese, die zwischen mir und meiner Mutter, zwischen ihren Ängsten und meinen.

Als ich zwölf war, hatten sich viele Ängste noch nicht offenbart, aber die wesentlichste existierte schon. Der Mann, den ich mir jede Nacht einbildete, der Mann, der unsere Familie ermorden wollte. Ich habe es damals nicht begriffen, und auch lange danach nicht, aber natürlich war der Mann ein Nazi-Offizier, einer, der unsere Namen auf einem Zettel stehen hatte, von Zimmer zu Zimmer ging, um uns umzubringen, unsere Familie auszulöschen, wie so viele Familien ausgelöscht worden waren.

Vor drei Jahren hat mich mein Psychologe zu einem EMDR-Therapeuten geschickt. EMDR ist eine Behandlungsmethode, die bei Menschen mit einer posttraumatischen Belastungsstörung angewandt wird. Bei EMDR werden Erinnerungen »umprogrammiert«, um die Folgen traumatischer Erlebnisse abzuschwächen. Mein Therapeut glaubte nicht wirklich daran, dass mir die Therapie helfen würde, weil meine Ängste nicht mit einem konkreten Erlebnis verknüpft waren.

Es war das erste Mal, dass ich den Mann ohne Gesicht einer anderen Person beschrieb, auch meinem Psychologen hatte ich ihn verschwiegen. Ich wusste nicht, ob ich ihm dadurch die Kraft nehmen würde, oder ob er gerade dadurch an Bedeutung gewänne, aber ich fühlte mich hinterher besser. »Viele Menschen merken zuerst nicht, dass ihre Beschwerden abgenommen haben, weil Menschen weniger auf Linderung achten, sondern mehr auf alles, was schlecht läuft«, sagte mein Therapeut.

Der Mann ohne Gesicht verlor nach und nach seine Macht über mich. Es zogen Wochen ins Land, in denen ich nicht an ihn dachte – der Weg, den er nehmen musste, um in mein Schlafzimmer zu gelangen, war zu meinem Weg geworden. Die anderen Ängste waren immer noch da, aber der Mann schien auf eine Kinderangst reduziert worden zu sein. Ich war frei. Bis ich umzog und der Mann ohne Gesicht die Eingangstür meiner neuen Wohnung fand, und auch die Treppe und den Flur, den er durchqueren musste, um in mein Schlafzimmer zu gelangen.

\*

Während meine Mutter schon in der halbleeren Badewanne sitzt, prasselt das Wasser weiter. Sie wartet nie, bis die Wanne voll ist. Ich sehe ihren nackten Körper vor mir, der mit Schawarma und Blumenkohl gefüllt ist. Ich sehe, wie ihre Hände Shampoo zu Lauge reiben und wie sie sich damit wäscht, wie eine Hand zum Nacken fährt, über den Oberarm, ich sehe vor mir, wie das zusammengeknüllte Handtuch vor der Badewanne liegt, daneben ihr Kleiderhaufen.

Ich gehe ins Schlafzimmer meiner Eltern. Es gibt Momente, in denen ich mir selbst die Schuld am ganzen Erbe gebe; dann denke ich, dass ich so gerne wie meine Mutter sein wollte, dass ich selbst verantwortlich bin für die Ängste, die ich übernommen habe.

Als ich klein war, habe ich den Kleiderschrank geöffnet, wenn meine Mutter nicht da war. Die weißen Türen schwangen auf und Kleider, Jäckchen, Röcke und Pullover kamen zum Vorschein, alle an unterschiedlichen Bügeln. Unter den Bügeln ein riesiger Schuhhaufen.

Während meine Brüder nur anderthalb Meter entfernt vor dem Fernseher saßen, schlüpfte ich in meine Lieblinge: die dunkelroten Pumps. Ich ließ meine Zehen hineinrutschen, bis es vorne eng wurde, meine Ferse landete irgendwo in der Mitte des Fußbetts. Die Träger der Kleider meiner Mutter konnte ich über meine spitzen Schultern ziehen, das Dekolleté war mir immer zu groß. Ihre Pullover standen mir nicht. Ich schaute in den Spiegel, war selbstkritisch, genau wie meine Mutter sich gegenüber. Manchmal war ich zufrieden, vor allem in dem Sommerkleid mit den roten Blumen und den dunkelgrünen Blättern, vor allem, wenn ich es mit einer Hand straff um meine Taille zog.

Vielleicht habe ich ihre Kleider zu oft angezogen, den Spiegel zwischen mir und meiner Mutter so oft besucht, dass ich ihr ähnlicher wurde als ich wollte.

In meiner frühen Jugend war meine Mutter, mehr als mein Vater, mein großes Vorbild. Und das ist sie immer noch. Ich liebte und liebe ihre Stärke, ihren Humor, ihre Wortwahl, die Art, wie sie sich ein Stück Butter einverleiben kann. Ich liebte und liebe die Lesebrille, die immer auf ihrer Nasenspitze sitzt, den Klang ihrer Stimme, die Achtlosigkeit, mit der sie den Nagellack abblättern lässt. Ich liebte und liebe die Farbe ihres Haars und wie sie sie jeden Monat ändert, wie hoch sie auf ihrem Autositz sitzt, wie dicht am Lenkrad und der Scheibe. Ich liebte und liebe ihre Unnachvollziehbarkeit, werde nie vergessen, wie sie, als ich noch ein Kind war, bei einem Streit in Lachen ausbrach, ohne mir irgendetwas zu erklären. Ich liebe ihre Freund*innenschaften, von denen sie viele unterhält. Ich liebe die Leichtigkeit, mit der sie junge Leute anspricht und für sich einnimmt. Ich liebe die Art, wie sie meinen Vater liebt, wie sehr sie versucht, ihn freizulassen, auch wenn ihr das immer noch viele Probleme bereitet. All das sind Dinge, die ich von Herzen gern von ihr erben würde. Die Ängste will ich nicht. Aber es gibt keinen Schalter, an dem ich angeben kann, was ich von ihr erben will und was nicht. »Alles oder nichts«, sangen Linda, Roos und Jessica so treffend in dem Jahr, in dem ich zum ersten Mal nach Israel reise. Und das Leben hat anscheinend schon für mich entschieden. Es ist zweifelsohne »alles« geworden.

In Momenten, in denen ich nicht gut zu mir bin, glaube ich, dass ich so gerne verstehen wollte, was meine Mutter fühlte, dass ich mir ihren Kummer angeeignet habe. Dass der Verstehensprozess zu glatt verlief und ich mich nach meinem zwölften Lebensjahr mit all meiner Dramatik voll und ganz in den Abgrund gestürzt habe, weil ich dachte, ich würde all den Schmerz, den meine Mutter ertragen musste, auch verdienen. Dass ich ein Phantomtrauma simuliert habe, bis es echt wurde, größer als ich und nicht mehr rückgängig zu machen – genau wie ich die Schritte des Mannes ohne Gesicht so oft vor meinem geistigen Auge abspulte, bis ich keine Kontrolle mehr über ihn hatte und er auch dann kam, wenn ich es nicht wollte.

In Momenten, in denen ich mich lieber zurückziehe, finde ich es nur logisch, dass der Schmerz meiner Mutter in mir fortwirkt. Seit einigen Jahren versuche ich, wissenschaftliche Studien zur genetischen Erblichkeit von Traumata zu verfolgen. Mein Mangel an Fachwissen und der Mangel an Konsens über diesen speziellen Prozess der Vererbung machen es mir nicht gerade leicht.

Eine Metapher, die oft bemüht wird, um die Erblichkeit von Traumata zu erklären, ist die eines Computers. Bis vor zehn Jahren wurde davon ausgegangen, Kinder würden von ihren Eltern nur die Hardware erben: den Bildschirm, die Tastatur, den Prozessor, das Motherboard. Soll heißen, die statischen Eigenschaften: Hautfarbe, Haarfarbe, Nasenform, Augenfarbe, die Veranlagung für bestimmte Krankheiten, die Funktionalität der Organe. Diese Eigenschaften sind von Geburt an festgelegt, so wie sie auch bei den Eltern festgelegt waren. Mittlerweile gibt es immer mehr Belege dafür, dass auch die Software, die Programme und die Daten, die sich auf dem Computer befinden, an die nächste Generation weitergegeben werden können.

Die Erfahrungen, die ein Mensch während seines Lebens macht (Emigration, Liebe, Fluchtversuche, Trauer, Autounfälle, Enttäuschung, Diskriminierung), scheinen bei der Geburt übertragen werden zu können. Es gibt Erinnerungen, die durch die Generationenbarriere rutschen, Kinder, die Ängste haben, die nichts mit dem zu tun haben, was sie selbst erlebt haben, sondern mit den Erfahrungen ihrer Eltern.

Unser Genpool wurde immer als endgültig angesehen. Aber es gibt nicht nur Gene, sondern auch epigenetische Modifikationen, und die bestimmen, ob Gene aktiviert werden oder nicht. Diese Veränderungen befähigen Menschen dazu, sich an ihre Umgebung anzupassen: So werden Überlebensstrategien von der einen Generation auf die nächste übertragen und die Nachfahren können mithilfe der Vergangenheit über mögliche Gefahren informiert werden. Alle Hungersnöte, Kriege, Genozide, die Spuren in den Körpern der ersten Generation hinterlassen haben, können bewerkstelligen, dass Narben an die zweite Generation weitergegeben werden, und danach an die dritte und vierte.

Bis vor zwanzig Jahren wurde davon ausgegangen, sekundäre Traumata wären eine Folge der Erziehung. Mittlerweile wird immer mehr über die genetische Komponente dieser besonderen Vererbung bekannt. So offenbarte sich der epigenetische Effekt bei den kleineren Babys, die nach dem Kriegswinter 1944–1945 geboren worden waren. In der Gebärmutter passten sich die Babys an die schlechten Umstände des Krieges an, um ihre Überlebenschancen zu erhöhen. Als diese Babys erwachsen wurden und Jahre später selbst Kinder bekamen, kamen auch ihre Kinder klein zur Welt.

Achtunddreißig Mütter, die sich bei den Anschlägen vom 11. September 2001 in oder in der Nähe des World Trade Centers befanden, und danach unter einer posttraumatischen Belastungsstörung litten, hatten ihren niedrigen Cortisolwert offenbar an ihre Kinder weitergegeben. Diese Kinder hatten die Albträume und das Stresslevel ihrer Mütter geerbt.

Bei Kindern und Enkelkindern von Opfern der Shoah können Panikattacken, Belastungs- und Angststörungen auftreten, auch noch achtzig Jahre nach dem Ausbruch des Zweiten Weltkriegs. Vor allem der Stress, den die erste Generation in den anfänglichen Jahren erfahren hat, kann zur Traumatisierung der zweiten Generation führen.

Die Erziehung, die Persönlichkeit, die Lebenserfahrung und das soziale Umfeld der Nachfahr*innen spielen bei dem Auftreten von Traumata ebenfalls eine Rolle. Zwischen den erblich bedingten Faktoren und den umgebungsbedingten Faktoren zu unterscheiden, ist unglaublich schwierig, wenn nicht sogar unmöglich. In meinem Fall wird mein sensibles Wesen eine Rolle gespielt haben, meine Rolle innerhalb der Familie (der Jüngste versucht immer, den Laden zusammenzuhalten, sagt mein Vater), das intime Band zwischen meiner Mutter und mir, die Fürsorge, die ich ihr entgegenbrachte, all die Male, wenn ich Zeuge ihrer Angst wurde, meine Homosexualität und das Außenseiterdasein, das ich in der Schule fristete (Homosexualität ist auch ein Trauma, sagte ein Künstler vor Kurzem zu mir), das Mobbing, das ich erfuhr (eine Parallele zu der Jugend meiner Mutter), die Abweisung, die Besuche bei meinem Bruder im Sanatorium und sein Verschwinden. All das bildet einen unentwirrbaren Knäuel.

Kein einziges Trauma steht auf eigenen Beinen. Sie läuten immer anderen Schmerz ein. So führte die Trennung meiner Mutter von ihren biologischen Eltern zu einem Irrtum in Amsterdam, den Niederlanden, zum Untertauchen, zu Pflegeeltern, die ihr, als sie fünf Jahre alt war, erzählen mussten, dass sie ihre Pflegeeltern waren, und noch viel mehr, und mehr und noch mehr.

Wenn wir über die Shoah sprechen, dann sprechen wir über fünf Jahre, über die Menge von Menschen, die in diesen fünf Jahren ermordet wurden, über die Umstände in den Lagern, in den Niederlanden. Aber wir sprechen nicht über die Jahrhunderte von Antisemitismus und Pogromen, die dem vorausgingen, über alles, was aus diesen fünf Jahren hervorgeht, darüber, was passiert, wenn alle

Kameras schon bei anderen Kriegen sind, wie Wisława Szymborska in *Ende und Anfang* schreibt. Das Gedicht beginnt mit: »Nach jedem Krieg muss jemand aufräumen.« Dieses Aufräumen kann länger als achtzig Jahre andauern, und bleibt oft unbemerkt.

Ich hoffe auf weitere Studien zur genetischen Vererbung von Traumata, weil ich weiß, auf wie viel Unverständnis Schmerz stößt, und eine unanfechtbare Untermauerung (auch wenn die wahrscheinlich nie kommen wird) könnte die Leute vom langen Nachhall des Krieges überzeugen, vom Nachhallen der Kämpfe, der Ausbeutung, der Gewalt. Dann müsste ich nie wieder auf Hochzeiten erklären, dass meine Mutter immer noch jeden Tag mit dem Schatten des Krieges kämpft, dann müssten auch die Nachkommen von Opfern von Krieg, Versklavung, Katastrophen und Unterdrückung sich nicht mehr erklären. Dann kann Rechenschaft entstehen, die weiter geht als ein finanzielles Entgegenkommen der Niederländischen Eisenbahnen.

Und: Mehr Beweise für die genetische Erblichkeit von Schmerz würden meine Eltern freisprechen. Dann ist es nicht nur ihre Schuld, dass das Trauma meiner Mutter in meinem Leben fortbesteht. Auch wenn ich selbst nicht von Schuld spreche, befürchte ich, dass mein Vater und meine Mutter das tun, und davor will ich sie beschützen.

\*

Ich habe zwei Decken übereinandergelegt. Im Flur brennt eine blaue LED-Lampe, mein Vater liebt LEDs. Im Zimmer neben mir höre ich meine Mutter schmatzen. Ich vermute, sie isst Schokotoffees, aber es kann auch Nutella sein. Manchmal steht ein Glas mit einem verschmierten Löffel auf ihrem Nachttisch.

Ich habe wie jede Nacht Melatonin, eine Magnesiumtablette und fünfzehn Baldriantropfen eingenommen. In das eine Ohr habe ich ein Ohropax gesteckt, mein anderes ist noch frei. Die Ohrstöpsel benutze ich, weil ich von plötzlichen Geräuschen unwahrscheinlich schnell wach werde. Ich stecke in einem Körper fest, der ruhig wirkt, aber besonders wachsam ist. Ein Ohr lasse ich frei, bis ich wirklich müde bin, weil ich, bevor ich einschlafe, noch hören können will. Ich will hören können, ob meine Mutter nicht aus Versehen an einem Bonbon erstickt, ich will hören, ob draußen ein Alarm losgeht, eine Bombe explodiert. Ich will hören, ob der Mann ohne Gesicht die Treppe hochkommt.

Ich hoffe nicht, dass die Spiegelung zwischen mir und meiner Mutter im Laufe der Zeit abnimmt, sondern dass sie über das hinausgeht, was ich bis jetzt weiß, damit ich nicht nur ihre Traumata erbe, sondern auch ihre selbstheilenden Fähigkeiten, ihren Schwung, ihren Humor, ihren Überlebenstrieb.

Ich stecke den zweiten Stöpsel ins Ohr, der gelbe Schaum breitet sich in meinem Gehörgang aus. Ich höre nur noch das Rauschen meines Bluts, nicht mehr das Schmatzen und die schwere Atmung meiner Mutter, nicht mehr das blaue Filtergerät, das im Wohnzimmer steht, nicht mehr den Boiler, der oben auf dem Dachboden hängt, nicht mehr den tropfenden Hahn im Badezimmer, das Ächzen des Hauses, das Summen der Elektrizität, nicht mehr die Schritte des Mannes ohne Gesicht. Ich höre nur noch mich.

# Maasland
## Samstag, 14. März 2020

Sonnenlichtflecken scheinen durch die Fensterläden, die vor dem Schlafzimmerfenster hängen. Ich greife nach meinem Telefon und sehe, dass es zehn Uhr ist. Meine Mutter sitzt schon am gläsernen Esstisch. Sie trägt denselben Jogginganzug wie gestern. Ihre Haare sind ungekämmt, die Lesebrille sitzt auf der Nasenspitze. Sie hört nicht, dass ich die Tür öffne, sie hört meine Schritte nicht und deshalb schleiche ich mich an, ohne mich anschleichen zu wollen.

»Mam.«

Ihre Schultern federn hoch und runter, sie holt geräuschvoll Luft, ruft nach Gott und blickt von der Zeitung auf, die vor ihr liegt.

»Möchtest du Kaffee?«

»Sehr gerne«, sagt sie.

Ich drücke ein paar Knöpfe auf dem Kaffeeautomaten, auf der Anrichte liegt ein Stück verstümmelter Käse, ein Brocken Honigkuchen trocknet gemächlich aus. Unser Haus ist immer chaotisch gewesen. Die Häuser von dem Bruder, der es auch spürte und dem Bruder, der blieb, sind makellos, meine Küche ähnelt eher der meiner Eltern und wird nur aufgeräumt, wenn Besuch kommt.

»Ich habe dermaßen gut geschlafen. Ungeheuerlich«, sagt meine Mutter, als ich ihr die Tasse reiche. »Es ist so schön, wenn ich hierbleiben kann, zu Hause schlafen, und wenn mein Kind da ist. Wenn dein Vater nicht da ist, muss ich immer irgendwo unterkommen und alles regeln. Und dadurch werde ich natürlich nicht ausgeglichener.«

Varianten dieser Dankesworte sind mittlerweile die Belohnung für meine Besuche geworden.

»Und du? Wie hast du geschlafen?«

»Nicht so gut wie du.«

»Dann lassen wir es heute ruhig angehen. Dann bleiben wir schön zu Hause.«

»Ich glaube, ich kann nicht den ganzen Tag bleiben.«

»Oh. Das ist schade.«

Wenn ich mich von meiner Mutter verabschiede, das Dorf verlasse, beschleicht mich das Gefühl, ich würde versagen. Und das tue ich auch, denn ich kann den Schmerz nicht wegnehmen, ich kann ihn nur kurz zur Seite schieben. Ich möchte gerne helfen, ich muss helfen, aber möchte mich dadurch gerne auch selbst gut fühlen, und dieser Tausch ist mir nicht vergönnt.

Meine Mutter richtet ihren Blick wieder auf die vor ihr liegende Zeitung. Ich sauge den Glasreiniger-Geruch auf, gehe in die Küche, um mir eine Scheibe vom trockenen Honigkuchen abzuschneiden, sehe durch das Fenster, wie die Nachbar*innen im Auto wegfahren. Über WhatsApp fragt der Bruder, der blieb und drei Straßen weiter wohnt, ob ich zum Frühstücken vorbeikomme.

»Was meinst du, wann wir was von der Bahn hören?«, fragt meine Mutter.

»Ich schätze mal, in ein paar Wochen.«

»Was? Ich kann dich nicht hören.«

Ich gehe zum Tisch. »Erstmal nicht, Mam. Du bekommst eine E-Mail.«

»Oh, eine E-Mail.«

»Gehst du heute nicht ins Fitnessstudio?«

»Da war ich schon. Anstrengend war das. Viel zu anstrengend eigentlich.«

»Da solltest du eigentlich nicht mehr hingehen, hm? In diesen Zeiten.«

Der Honigkuchen bleibt an meinen Zähnen kleben, ich versuche, ihn mit der Zunge zu lösen. Ich darf meine Mutter nicht mehr schonen. Das hier muss ich mich trauen. Ich bin ein erwachsener Mann. Sie zu schonen bedeutet, auf Abstand zu bleiben, aber ich möchte Nähe.

»Mam?«

»Ja?«

»Was du gestern erzählt hast, von dem Tag in Delft, das ist mir auch mal passiert.«

»Oh, wie merkwürdig.«

»Ich hatte genau wie du das Gefühl, alle Geräusche wären ausgeblendet geworden.«

»Das ist wirklich merkwürdig. Das ist ein ganz komisches Gefühl.«

»Ja, genau. Sehr beängstigend. Weil du dich vom einen auf den anderen Moment nicht mehr auf deine Sinne verlassen kannst. Danach hatte ich das nie wieder so schlimm. Aber ich merke, dass ich Ängste habe. Ängste, die deinen Ängsten ähneln.« Ich möchte hinzufügen, dass ich ihr nichts übelnehme, dass ich vielleicht sogar froh bin, aus dem gleichen Holz wie sie geschnitzt zu sein. Aber ich beruhige sie nicht, weil der Wunsch, das zu tun, ein Reflex ist, den ich mir abgewöhnen muss, der nicht aufrichtig ist.

Meine Mutter holt tief Luft, blickt von der Zeitung auf, die voller Nachrichten über das Virus ist. Sie sieht mich nicht an, starrt an mir vorbei, auf die Fliesen im Garten. Ihre Stimme klingt plötzlich distanziert.

»Ich habe ein Alter erreicht, in dem ich das irgendwie erwartet habe. Ich will natürlich nur das Beste für dich. Es tut mir wirklich leid für dich, aber ich weiß auch, dass ich es nicht ändern kann. Und dass du es nicht mehr loswirst. Das ist schlimm, aber du wirst es nicht mehr los.«

# Quellen

Das Fragment über die Lepelstraat von Marga Minco stammt aus *Das bittere Kraut* (Arco, 2020) und wurde von Marlene Müller-Haas übersetzt.

Die Aussagen von Ischa Meijer stammen aus *De Paradox* (1991), einer Dokumentation von Monique Nolte.

Das Gedicht *Victorieplein* von Ischa Meijer wurde 1972 veröffentlicht. Sein Buch *Brief aan mijn moeder* erschien 1974.

Die Fernsehserie *Holocaust – Die Geschichte der Familie Weiss* wurde zuerst von NBC im April 1978 ausgestrahlt.

*Angels in America: A Gay Fantasia on National Themes* ist ein Theaterstück von Tony Kushner, das 1991 uraufgeführt wurde. 2003 erschien die HBO-Miniserie, die in Deutschland *Engel in Amerika* hieß.

Die Aussage der Künstlerin Taryn Simon stammt aus einem Interview mit MoMA (The Modern Museum of Art, New York).

Elie Wiesel erzählte 2002 auf einer Konferenz namens *The Legacy of Holocaust Survivors* von der Bedeutung von Yad Vashem.

Leny Boeken wurde von Nienke Ledegang interviewt, der Artikel erschien am 27. Januar 2005 in der niederländischen Tageszeitung *Trouw*.

Der Ausschnitt über Kafka aus *Sinneswechsel* (2015) von Zadie Smith wurde von Tanja Handels übersetzt.

Der Großteil der Informationen über die intergenerationelle Vererbung von Traumata stammt aus *Epigenetic transgenerational transmission of Holocaust trauma: A review*, einer Studie von Natan Kellermann aus dem Jahr 2015. Auch *Can we really inherit trauma?* Von Benedict Carey und *The famine ended 70 years ago, but Dutch genes still bear scars* waren für meine Suche wichtig, beide Artikel wurden 2018 in *The New York Times* veröffentlicht.

# w_orten & meer –
# Verlag für verbindendes diskriminierungskritisches Handeln

w_orten & meer ist ein Non-Profit-Verlag ~ Bücher und Publikationen sind für uns eine wertschätzende Gestaltung von Welt. Wir verlegen Bücher, die zu intersektionaler Gewalt empowernde Perspektiven eröffnen und neue Ausdrucksweisen anbieten.

Der Verlag arbeitet sozial und ökologisch nachhaltig: bei der Herstellung und dem Transport der Bücher, beim Einrichten und Unterhalten des Büros und auf der Ebene der Bezahlung von Menschen, die an den verschiedenen Produktionsschritten für ein Buch beteiligt sind.

Weitere Informationen zu unserer Arbeitsweise sowie unser Gesamtprogramm finden sich auf unserer Webseite:

www.wortenundmeer.net